U0525623

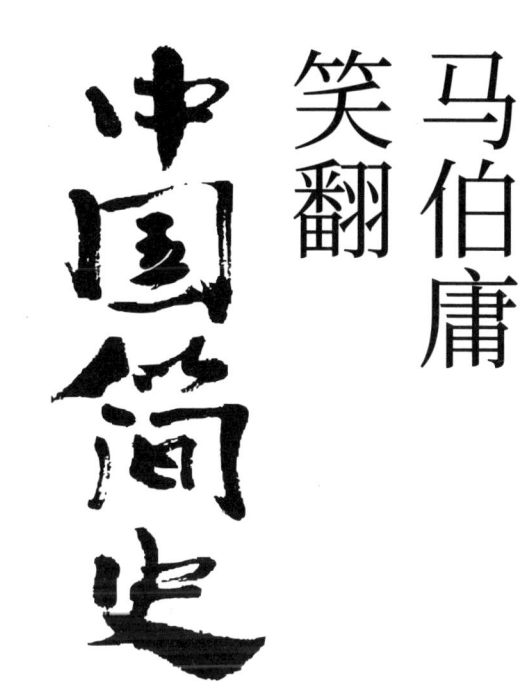

A BRIEF
HISTORY
OF CHINA
BY
MA BOYONG

马伯庸 著

马伯庸
笑翻
中国简史

湖南文艺出版社
博集天卷

马伯庸笑翻中国简史

目录

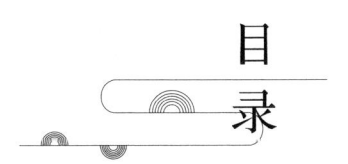

序
- 贯穿中国历史的主题　001

第一章
秦的统一

- 从刘邦斩白蛇说起　003
- 倒霉的无名数学家　008
- 花里胡哨的五行学说　014
- 五德有始终　021
- 第一个称德的王朝　026

第二章
两汉

造座庙祭祀黑帝　　035
"拨乱反正"的成与败　　044
儒生开始瞎掺和　　050
皇族神棍登场　　058
当大儒撞见大儒　　069
始明火德　　078

第三章
魏晋南北朝

生也不行，克也不行　　087
土魏和火蜀　　094
庚子岁，青盖入洛阳　　102
白坑破　　110
三家抢水德　　115
链子断掉了　　121
打酱油的也有德性　　126
德性和"亲情"　　132
忽略了近一百八十年　　139
色彩斑斓的北周　　146

第四章
从隋到宋

两条链子终于合并　　153
大唐千年历　　161
统一以后再动乱　　168
石头里冒出来的德性　　179
点检作天子　　185

第五章
宋代以降

宋人的正统论　　195
某看天上　　202
金人偏偏是土德　　209
就这一个也像太医　　216
明朝三重火　　224
落幕前的沉渣泛起　　230
是糟粕就该摒弃　　237

序
贯穿中国历史的主题

2004年,我在新西兰读书。我所在的小城镇是个极其无聊的地方,晚上一过六点,大部分店铺就关门了。有的同学和异性朋友聚会,有的同学开车去另外一个城市的赌场消遣。而我作为一个标准的宅男,只想缩在家里看书或者上网。这里的大学图书馆中文书很有限,而且多是学术类的,几乎没有流行小说,我反复搜检,只借到了一本《史记》回去翻,翻来翻去,无意中看到了刘邦斩白蛇的故事。

人在穷极无聊的时候,思维往往特别敏锐,看事物的角度也与平时不同。《史记》我从前读过,浮光掠影一扫而过,但当我再次读到这故事时,空虚的脑子里却突然产生一个小小疑问——为什么会有这么一个故事?这个疑问很小,却在我的脑海里反复纠缠,挥之不去。

马伯庸
笑翻中国简史

我心想左右无事,遂决定查查资料考证一番,为自己把这个疑问彻底解决。

我最初的目的,只想为一个小小问题找出一个小小答案。我从斩白蛇查到了赤帝,从赤帝又查到了顾颉刚的疑古论,从顾颉刚又顺藤摸瓜找到刘歆,接下来三统说、五德终始说、天人感应一路调查下去……结果我很快发现,随着考证的不断深入,范围越来越广,资料越来越多,从一个汉初小典故的冰山一角,竟牵扯出纵贯整个中国历史的大主题。这感觉有点儿像是《黑衣人》里的威尔·史密斯,本来只是个抓小毛贼的警察,最后却被牵扯进了外星人毁灭地球的大阴谋。到了这个时候,我已经骑虎难下,不能也不舍得停下来,便不自量力地继续挖掘,并把整个考索过程写成一篇文章,发到了天涯社区的"煮酒论史"版块上——这就是本书的雏形。

最初的网文连载只有三万多字,兴之所至,游戏文字,因为行文匆忙,还充斥着不少望文生义的叙述和考据错误。我的一个朋友赤军评论说:"你这篇东西里的漏洞,简直可以拿来做网兜了。"这次有机会出书,我不敢掉以轻心,三顾赤军于小饭店,请他帮我把关。赤军是个有情有义的好汉,不光帮我修订了若干错误,还四处搜集增补了许多材料,终于让这个网兜变成了一个布口袋。在这里要对其特别

序
贯穿中国历史的主题

鸣谢。

　　历代王朝的德性是一件无聊而重要的大事儿,如何把一件无聊的事儿尽量说得有意思又保证精准翔实,是一项很有挑战性的工作。如果读者能够开卷通读不闷,掩卷略有所得,我想我就心满意足了。

第一章

秦的统一

马伯庸笑翻中国简史

从刘邦斩白蛇说起

著名史学家司马迁曾在《史记》里讲了这么一个神神怪怪、令人难以置信的故事。

那时候汉高祖刘邦还叫刘季,正当着泗水亭长,某次押送民夫去骊山做苦工,半道上民夫就逃了一大半儿。于是刘季干脆渎职到底,把人全给放了,然后带着十来个新收的小弟收拾行装,打算上山落草去。

那一晚,刘季喝得醉醺醺的,趁着月色,领着小弟就奔一片沼泽地里蹚过去了。走着走着,有个探路的小弟回来禀报,说前面有好大一条蛇拦住了去路,咱们还是绕道走吧。刘季酒壮人胆,闻言是一梗

马伯庸
笑翻中国简史

脖子,一挺胸脯,口出狂言,说:"俺们是壮士,壮士走在道上,有啥可怕的?!"于是冲上前去,拔出剑来,就把那条蛇给剁成了两截。然后大家高高兴兴走了过去。

离奇的事情随后就发生了,据说在刘季他们走过去以后,又有什么不知死活的家伙半夜里走黑道,来到了大蛇被斩的地界,突然瞧见一位老太太正跟那儿放声痛哭,哭得这叫一个惨呀。那人就问了:"老人家,你为啥哭啊?"老太太回答:"我儿子让人给杀啦,所以我才哭啊。"那人挺八卦,就继续问:"你儿子是为了什么被杀呢?又是被什么人给杀了呢?"老太太一张嘴,口气凶得吓人一跳:"我的儿子是白帝之子啊,化身为一条大蛇,拦在道上,如今被赤帝的儿子给杀了。"

八卦男听了这么荒诞的事情,差点儿一口老血喷出八丈远——哦,你儿子是白帝的儿子,那么你老太太就是白帝的媳妇儿了,白帝是啥玩意儿?白帝是西方天帝啊,敢情我大半夜的走黑道儿,竟然撞上个天后娘娘,乌漆麻黑见神仙,这哪儿说理去!于是当场揪住老太太说:"你胡说八道,想要隐瞒杀人的真相,走着,咱见官去!"谁料想老太太"呼"的一声,突然间就消失不见了。这下可把八卦男给吓坏了,只好哆哆嗦嗦、连滚带爬地继续往前走。

转过头来说刘季,他喝多了酒再一砍蛇,活动了筋骨,醉意就直

第一章
秦的统一

泛上来，走出没多远就趴地上睡着了，小弟们只好跟旁边伺候着。就这么着，八卦男走了没多远，就追上了刘季一行人。说来也巧，刘季早不醒，晚不醒，八卦男一来他就醒了，八卦男就问："你们有没有见着一位老太太在路边哭？我见着了，如此如此，这般这般，可吓人哪！"

刘季听了这话一激灵——合着我杀的不是蛇啊，是什么白帝之子，这么说来，我也不是凡人哪，我是赤帝之子！嚯，他立刻尾巴就翘上天了，照照镜子，怎么看怎么觉得自己非同凡响，真是太了不起啦。小弟们当然更吃惊，从此对刘邦是又害怕又恭敬，铁下心来要跟着这位老大去打江山了。

拿现在的眼光来看，这个故事实在是有点儿荒诞不经，只能当神话传说看，不能当真。古代人迷信，古代史书里多多少少都会掺和些这类神神鬼鬼的故事。

可这个神鬼故事，却有三大奇处。

其一，司马迁写《史记》，上起三皇五帝，年代久远无法考证，那年月除了神话传说也找不到什么真实材料，神神鬼鬼的本就难免；可是作为汉朝的臣子，汉朝的真实历史资料司马迁应该都全，他却偏要把这么一个荒诞不经的故事堂皇记录在案，这究竟是为的什么呢？

马伯庸
笑翻中国简史

其二，为什么一听到这么个"又白又红"的故事，刘邦心里就美滋滋的，而周围的小弟从此也更敬畏他了呢？神仙是很了不起啦，可是堕入凡间的神仙的儿子就不见得多了不起了。

其三，我估摸着现在要是有个人能穿越回去跟刘邦讲起这个故事来，刘邦自己都得一头雾水。这跟"大楚兴，陈胜王"不一样，不是为了政治宣传而在当时就编造出来的革命故事。估计在刘邦整个革了秦朝的命，进而革了西楚的命，再削平诸侯，然后带一身伤踏踏实实回长安做最后一两年太平天子的时候，他都还没有听说过这个故事。

好吧，我们就来尝试回答这几大奇处。首先，司马迁作为汉朝的臣子，写汉朝的历史，那就身不由己，有些事情明知道是真他也不敢乱写，有些事情明知道是假也必须记录在案，这个汉高祖斩蛇起义的故事，就属于后一类。当然，还有另外一种可能性，那就是这件怪事儿原本《史记》里并没有，是后人学术造假，硬给塞进去的。关于这种可能性，咱们暂且放在一边，后面得着机会再做详谈。

其次，刘邦之所以一听到这么个"又红又白"的事情发生在自己身上就高兴，是因为这类事情的象征意义非凡，说明老天爷在他刘季落草八字还没一撇的时候，就敲定了会让他得到整个天下。

最后，也是最重要的，是这个故事刘邦本人从来没有听到过，因

第一章
秦的统一

为那是后人编造的。倘若由刘邦来编这个故事,他说不定会把自己编成是黑帝之子,而不是什么赤帝之子——为啥是黑帝之子,这事儿咱们后面再谈。

所有这一切,都要涉及中国历代王朝全都关心的一件超级无聊的大事儿,也是再重要不过的宣传方针:德性。北方的朋友们请注意,不要把这里的"性"字读轻声……

> 高祖以亭长为县送徒骊山,徒多道亡。自度比至皆亡之,到丰西泽中,止饮,夜乃解纵所送徒。曰:"公等皆去,吾亦从此逝矣!"徒中壮士愿从者十余人。高祖被酒,夜径泽中,令一人行前。行前者还报曰:"前有大蛇当径,愿还。"高祖醉,曰:"壮士行,何畏!"乃前,拔剑击斩蛇。蛇遂分为两,径开。行数里,醉,因卧。后人来至蛇所,有一老妪夜哭。人问何哭,妪曰:"人杀吾子,故哭之。"人曰:"妪子何为见杀?"妪曰:"吾子,白帝子也,化为蛇,当道,今为赤帝子斩之,故哭。"人乃以妪为不诚,欲告之,妪因忽不见。后人至,高祖觉。后人告高祖,高祖乃心独喜,自负。诸从者日益畏之。
>
> ——《史记·高祖本纪》节选

倒霉的无名数学家

所谓"德性",这个"德"就是指的道德,所谓"天命无常,惟有德者居之",可见咱们中国人几千年前就在讲以德治国了。至于"性",指的是属性。德性就是道德的属性,国家政权的属性。

西方讲究"君权神授",中国讲究"受命于天",两者虽然表面上瞧着意思差不多,不过具体操作起来区别可就大了。西方的神再怎么无形体无容貌,三位一体,终究有其实在的一面,而中国的"天"则彻底是个虚的概念。就好像"道"一样,虚无缥缈而又无处不在,仿佛《一九八四》里的老大哥,随时偷窥君主的行为,假如君主做了什

第一章
秦的统一

么狗屁倒灶的事儿，这天就会刮风下雨打雷，或者闹点儿洪水瘟疫什么的；如果君主多做善事儿，老天爷自然让你阳光普照，天下太平。

古人们认为，人类和大自然是紧密相连、须臾不可分的，并且这种联系和影响不是单向的，而是双向的。也就是说，不是无缘无故天降大旱、洪水导致人间歉收，或者天上打雷人间不孝子遭雷劈，而是人类不修德、不敬神才引来灾害，人间出了不孝子才引来天上打雷。尤其是普天下的唯一君主即"天子"，既然是天的儿子，那么天老子的意愿就会随时传达给儿子，而儿子的行为也会直接触发天老子的各种异象。所以我们读历史书，经常看到只要哪儿遭灾了，皇帝就赶紧又是下"罪己诏"，又是节衣缩食停建楼台馆舍的。最不济，也得勒令他的主要助手，也就是宰相辞职。

既然上天和君主之间是有心灵感应的，那么这种心灵感应就应当是有规律可循的。于是古代大贤人或者大闲人们就琢磨开了，他们的原则是洞察这个规律，并将之理论化；如果没有这么一个规律，那就杜撰一个出来。

想要洞察两个事物之间的规律，当然先要弄明白这两个事物本身究竟是怎么回事儿。天了好说，就算有大群马屁精整天在天子身上挖掘神性，基本来说，这种神性仍是隐性的，很少表露于外，而表露

马伯庸
笑翻中国简史

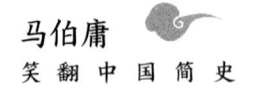

于外的九成都是人性。大家都是人，人是怎么回事儿，就算很难往细里研究，大概的构架是不会错的。可是天究竟是怎么回事儿呢？人是氮、钙、磷等元素合成的，天又是由什么元素合成的呢？天都有哪些属性呢？

我提到了"元素"，在中国古代，这个词的意思是最原始、最本色的事物。不过，在现代汉语中，"元素"一词的含义则来源于西方，是指组成宇宙万物最基本的要素。最早的元素学说产生于古希腊——被尊为"古希腊七贤"之一的哲学家泰勒斯认为水是万物之母，另一位思想家阿那克西米尼则认为万物的本原是气，被称为辩证法奠基人之一的赫拉克利特认为万物由火而生。后来自然科学家、医生恩培多克勒认为上述几位说得都在理，可是都不全面，他就把水、气、火全都拿来，再添上土，称之为四元素。

这就是西方最基本的四合一古代元素论，其他还有什么胆液质、血液质、粘液质、黑胆质四体液说，盐、汞、硫三本原说等，影响就没那么深远了。古印度人跟古希腊人的主张一样，很可能是从古希腊传过去的，不过把四元素的名字改成了地、水、火、风——还有一说则再加上空，变成地、水、火、风、空五元素。

那么，古代中国人，又是怎么看待那个虚之又虚、玄之又玄的"天"

第一章
秦的统一

以及组成宇宙万物的元素的呢?

比起古希腊人来,古代中国人的思维要形而上得多了,就像天比神更看不见、摸不着一样。古代中国人最早提出的宇宙本原,同样虚得一塌糊涂,它叫作太极。

太极是什么玩意儿?太就是大,就是最主要的,极就是顶点,是最根本的,不像地、水、火、风,就算看不见也能感受得到,太极你能看得到吗?能感受得到吗?

太极的概念,最早出现在《周易》里,作为《周易》本体的《易传》里说:"易有太极,是生两仪,两仪生四象,四象生八卦。"根据历代闲人们的解说,所谓太极就是宇宙的虚无本体,或者是这个虚无本体还没有转化成万物之前的混沌状态。神神道道,看得人一头雾水。那么好吧,太极以后还有两仪,所谓两仪就是阴阳,虽然只具备象征意义,但好歹是个中国人就知道日是阳、月是阴,男是阳、女是阴。再不济,跟太阳底下暴晒会儿你就明白什么叫阳了,躲树荫底下乘会儿凉你就知道什么叫阴了。

还有没有更具体的呢?两仪生四象,这看上去跟地、水、火、风有点儿接近了,可能比较好理解一点了吧?你错了,四象更诡异。最初的四象不是后来附加上去的什么青龙、白虎、朱雀、玄武，最初的四象是指少阴、少阳和老阴、老阳，还跟阴阳一样虚。四象生八卦，八卦是乾、坤、坎、离、巽、震、艮、兑，或者通俗点儿来说，是天、地、水、火、风、雷、山、泽，瞧上去怎么着都不像是在说什么生成宇宙的基本要素，而是宇宙已经成形后的各种事物形态。

其实啊，《周易》系统根本是在玩数学游戏。太极暂且不论，所谓两仪就是0和1，二者形成《周易》系统最基本的"爻象"——0就是阴，是并列的两根"横棍儿"；1就是阳，是单独一根"横棍儿"。上下两组爻象就合成了四象，也就是上下两阴为老阴，是0；上阴下阳为少阴，是1；上阳下阴为少阳，是2；上下两阳为老阳，是3。三组爻象组成了八卦，从0排列到7……六组爻象是六十四卦，从0排列到63。

1687年，耶稣会士柏应理撰写了《中国哲学家孔子》一书，其中共计用十三页对伏羲八卦图做了介绍。坊间传言，德国哲学家、数学家莱布尼茨买来一本一翻——我的天，这不是我正在研究的二进制嘛！二进制的发明从此就归功于莱布尼茨了，而最早制定《周易》系统的中国原始数学家则淹没在了历史的浩瀚海洋中。没办法，他那一套太形而上了，几千年来没几个人能搞得懂。

《周易》的道路走不通了，那么中国古代还有没有别的相对比较形

第一章
秦的统一

而下一点儿、比较好理解一点儿的宇宙论呢？是否有地、水、火、风那样比较容易被普罗大众所接受的元素理论呢？虽然出现得晚了一点儿，不过还真有，那就是五行学说。

花里胡哨的五行学说

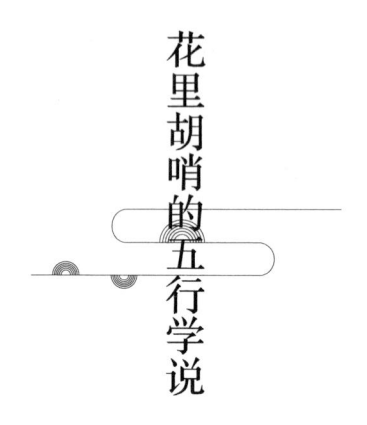

《周易》演变成后来的儒家经典《易经》，历代掺杂了很多古古怪怪的东西进去，而其本体出现，最早不会早过西周初年，最晚不会晚于春秋时代。五行学说比《周易》略微晚出现几十到几百年，春秋战国时代，奇妙的五行学说开始登上哲学舞台。

春秋战国"百家争鸣"，其中有一家叫作"阴阳家"，就是基于阴阳两仪理论，研究宇宙和万物本原、构成要素的一派闲人。已经无可考证，究竟是其中哪位阴阳家在经过长期的调研、冥想之后，最终拿出了跟西方四元素论非常接近的五行学说。

第一章
秦的统一

"行"字的本意是道路，所谓五行，大概是指可以通向最终态太极的五种事物形态吧。五行即金、木、水、火、土，我们可以对比一下古印度的四元素论，水、火双方共有，土当然就是地，古印度有风咱没有，咱有金、木，比他们多一样。

地、水、火、风，可以理解为固体、液体、最常见的　种能量剧烈释放方式以及气体。有趣的是，中国古代五行学说里没有气体的容身之地，因为当时的人们根本不知道空气为何物，至于风，他们认识到那是一种事物变化的现象，但不认为代表或者反映了事物本身。金，可以理解为无生命，而木则是有生命，古代中国人认为它们也是构成宇宙万物的基本要素。

古希腊、古印度的四元素论自然跟后来的元素周期表没法比，又粗糙又空泛，还充满了莫名其妙的神秘主义气息。中国古代的五行学说也是如此，但中国人另有一功，把五行和阴阳相配合了起来，这么一搅和，就连普罗大众也都能基本理解五行学说了。

当然，即便把阴阳五行都配合起来，想要搞清楚老天爷究竟是怎么一回事儿，天老子和天子儿子之间的关系究竟是怎么样的，仍然需要做大量案头工作。可倘若不能解决这两个重要问题，你再研究多少宇宙构成都是虚的，官方不会赞助，因为他们不在乎，你的名字也因

马伯庸
笑翻中国简史

而不可能出现在官方史书上——《周易》的作者和五行学说的发明人连名字带骨头全都烂光了，就是明证。为了得到官方的认可、支持、赞助，证明自己的学说对巩固统治有用，于是乎，一位承先启后的大阴阳家就此应运而生，他的名字，叫作驺衍。

历史从诸侯争霸的春秋时代，不知不觉就迈入了厮杀更为残酷、谋的不是霸而是王甚至是帝的战国时代。战国七雄里面，要说最富庶也最太平的，非齐国莫属——除了作死的齐湣王统治时期。齐国近海，得渔盐之利，所以富裕，它距离秦国最远，所以太平，加上齐湣王的悲惨遭遇教育了齐人，往外打就是找死，守着原本的疆土最安全。所以齐国是最后一个被秦军灭掉的，而且基本没打什么仗，秦军一到，"带路党"直接就把城门给打开了。

那么，不忙着打仗，不忙着拓土，大部分时间齐君都在忙什么呢？原来他们在赞助学术研究。百家争鸣从春秋时代的一盘散沙，演进到战国时代的各家理论逐渐完善并且相互融合，齐国的贡献不可小觑，甚至我可以拍胸脯保证，战国时代的诸子百家，十个里面有九个得到过齐君的赞助。赞助方式是什么呢？那就是开学堂，请讲师，提供场地和经费让大家坐下来一起研究和辩论。

齐国所开的学堂，名叫稷下学宫。这个"稷"字，是指齐国都城

第一章
秦的统一

临淄的一处城门,"稷下"就是稷门附近的意思。这座高等学府肇建于田氏代齐以后的第三代君主田午时期,田午不是正当继位的,而是杀了自己的哥哥齐侯田剡,还有侄子田喜,篡位为君的。田午死了以后,谥号为田齐桓公,史称齐桓公(不是三百多年前的春秋霸主齐桓公)、齐桓公午,或者蔡桓公——成语"讳疾忌医"就是由他的事迹产生的,他因为不听名医扁鹊的良言相劝,最终病到无药可救,一命呜呼。

大概是为了掩盖自己篡位的恶名吧,这位桓公午创建了稷下学宫,满世界搜罗各派思想家,想通过大搞学术赞助来给自己换得个好名声。这座官方学院就此建成,一直延续到齐国灭亡,其间产生了大批名闻天下并且影响后世的大教授,比如儒家的孟轲、荀况,法家的申不害,纵横家鲁仲连,还有就是阴阳家邹衍。

邹衍,约前305—前240,齐国人,跟鲁仲连和名家的公孙龙是同时代人。据说邹衍已经彻底想通了上天的奥妙,所谓"尽言天事",所以当时人送他一个外号,叫"谈天衍"——当然啦,是说他专门讲解天的道理,不是说他喜欢闲聊,只会说一些今天天气很不错之类的话。

这位"谈天衍"综合了前辈关于阴阳五行的研究成果,推出了自己的全新理论,一种叫"大九州说",一种叫"五德终始说"。"大九州"什么的与本书主题无关,暂且不论,这个"五德终始说"听上去很厉害啊,究竟说的是些什么呢?

中国古代的五行学说是很花哨的，作为宇宙基本元素的五行并非静止不动，它们随时随地都在互相影响、互相转化，就好像阴和阳是相辅相成、互相渗透的一样。阴阳家们说五行有生克，所谓生，就是指某一行凝聚得多了，就会从中产生出另一行来；所谓克，就是指某一行会影响甚至克制另一行。五种元素相生相克，克来生去地形成了种种复杂关系，于是宇宙万物就都因为这些生克而产生出来，并存在下去，或者演化，直至消亡。五行的生克规律是：

金生水，水生木，木生火，火生土，土生金；金克木，木克土，土克水，水克火，火克金。

这其中某些关系很好理解。比如水生木，就是必须得浇水，草木才能生长；火生土，火把木头烧光了，变成了灰烬，那不就是土吗？再比如土克水，洪水泛滥得靠土堤、土垒来堵啊；水克火更简单，谁都知道用水能浇灭火头。但某些关系就理得不那么顺了，土怎么就生金了？矿物大多是埋在土里没错，可怎么能算是土生出来的呢？还有，木怎么就克土了？理论上植被保持得好，水土才不会流失嘛。但总而言之，理论就这么出来了，五种元素相生相克，形成了两个完整

第一章
秦的统一

的循环，不但在学术上貌似能够自洽，而且还蕴含着一种圆融的艺术之美。

五行学说出来以后，阴阳家就开始把它们往宇宙万物上去套，直接能够套得上的自不必多说，要是瞧着不怎么能套得上的，那就干脆篡改事实，以证明理论的正确。比如，用五行套五方：金代表西方，木代表东方，水代表北方，火代表南方，土代表中央，可以完美套用。再比方说，金代表白色，木代表青色，水代表黑色，火代表红色，土代表黄色。

除此之外，拿五行套人的身体，据说金就代表皮、鼻子、肺和大肠，木就代表筋、眼睛、肝和胆，水就代表骨、耳朵、肾和膀胱，火就代表脉、舌、心脏和小肠，土就代表肉、嘴巴、脾和胃。

而且不仅仅是宇宙万物中那些看得见、摸得着的东西照套五行，就连一些虚拟的概念，他们也堂而皇之往五行上套。比如玄而又玄的八卦，阴阳家们说了，乾、兑是金，震、巽是木，坤、艮是土，离就是火，坎就是水。再比如计算历法的天干、地支，也都分了五行。十天干可以被整除，两个配一个；十二地支整除不了，就四组一对二，一组一对四——什么甲乙木、丙丁火、壬癸水等等算命用语，就是这么来的。

马伯庸
笑翻中国简史

　　五行学说就这样被一代代阴阳家们前仆后继、绞尽脑汁地大体完善了，等到稷下公立大学堂资深老教授驺衍出马，立刻就直截了当地把宇宙之道和人间之事，也就是天老子和天子儿子的关系敲定了下来。影响深远的"五德终始说"热辣出炉。

五德有始终

阴阳家们认为，五行可以完美地套用在万物甚至万事上，任何事物只要能分成五类，自然就能应合五行，要是分不成五类的……那是你分得不够细致。所以不仅仅有形之物、自然之物有五行，就连思想道德都能够分成五行。

比如，孙武写《孙子兵法》，提出"将者，智、信、仁、勇、严也"，阴阳家马上指出，没错没错，这就是五行所演化出来的五德！其实不仅仅将有五德，就连鸡都有五德，《韩诗外传》中就说鸡"头上戴帽子是文，爪子能战斗是武，敌人在前敢于冲杀是勇，看到吃的互相招呼是仁,按时啼鸣是信",归纳起来,鸡的五德是文、武、勇、仁、信。

所以有关品德的好词语多了去了,随便挑五个出来就能算是与五行相配合的五德,比如"温、良、恭、俭、让",比如"忠、仁、诚、节、勇",各种说法都有,人们莫衷一是。然而五行是有生克的,五德有没有生克呢?你就算能硬拗出忠生仁来,也不可能搞出什么诚克勇来不是吗?但是老教授驺衍站出来明确表态:没错,五德也有生克,虽然不明显,但是其循环可见。

驺老教授认为五行是上天造成万物的基本属性,五德是上天赋予人间的基本品德,任何朝代,也都必然偏重于某一种品德。所以,正如五行有生克、会循环一样,五德在不同时代也会有所偏重,更明确地说,朝代的德性是会随着朝代更替而转变的。更进一步,他大胆地总结并且预言,朝代更替也是德性变更的结果,这就叫"五行相胜"。

驺老教授没有明确指出所谓五德究竟是哪五德,估计因为他解决不了忠、仁之类品德相生相克的关系问题,他只是按照五行,把五德定义为金德、木德、水德、火德和土德。他说,自从天地产生以来,五德转移,各自都有所因应的朝代……土德以后,木德继承,再然后是金德、火德、水德……就这么循环来循环去的,所以也叫"五运"。

那么,每一个朝代的德,究竟靠什么来确定呢?这就与中国传统

第一章
秦的统一

的另一套玄虚理论有关了，那就是说，既然天象和人事是有关联、有呼应的，那么地上发生什么大事儿，上天就会事先给出预告。这些预告有正面的，也有负面的，比如天上飞彗星、起浓云，以及地震、海啸、泥石流之类的灾祸，那就是负面的，咱们前面说过，人间君主得为此写检讨，或者让人臣写检讨。至于正面的预告，可以分为三大类：一是祥瑞，二是祥物，三是谶。

所谓祥瑞，就是指凭空出现的、瞧上去就必有好事情发生的各种虚无景象，比如有什么神龙、凤凰、麒麟降世啊，或者有什么不同寻常的彩云出现啊，等等。所谓祥物，就是实实在在的人人都能够瞧得见、摸得着的吉祥物件。其实严格说起来，祥物也属于祥瑞的大范畴，但咱们所说的狭义的祥瑞是纯粹务虚的，比如自古以来到处都有人声称见过龙、凤，但始终没人逮一条来公之于众，虚得不能再虚。祥物呢？比如什么地方的一株稻子生了三个穗啊，什么地方的山里挖出块大玉石来啦……诸如此类，不管是真是假，是不是伪造的，起码是个人就能见着，还能去摸上一摸，不是吗？

第三种是谶。"谶"这个字的发音是"趁"，指的是可能会实现的预言。咱们这里说的谶，主要包括符谶和谶谣，所谓符谶就是指相关预言的神秘文书，所谓谶谣就是指民间到处传唱的神神道道、含有预言性质的调子或者顺口溜。

祥瑞相对应的是不祥，祥物相对应的是不吉祥的事物。咱们前面说了，天上飞彗星就是不祥，飞过条龙就是祥瑞；地里刨出块玉来就是祥物，刨出块石头来，并且石头上还写着"祖龙死而地分"之类的字眼儿，就是不吉祥的事物。至于谶，这个词本身没有褒贬色彩，可能预示着好事儿，也可能预示着坏事儿，还有可能对某些人来说预示着好事儿，对某些人来说则预示着坏事儿。

打个比方，古史记载最早的谶谣是"山桑弓，箕木袋，灭亡周国的祸害"①，据说预示着美人褒姒将要祸乱周朝，导致西周灭亡——传说"亡国祸水"的褒姒打小就是被一对贩卖山桑弓、箕木袋的夫妇所收养的。这基本上属于预告坏事儿的谶谣，可是对仇恨周朝的人来说，倒说不定是好事儿。再比如，陈胜、吴广造反的时候，自己编造了谶谣"大楚兴，陈胜王"，对那哥儿俩和楚国遗民来说，当然是好事儿，对秦朝来说，肯定就是大坏事儿。

---

① 檿弧箕服，实亡周国。西周末年一句著名的谶谣，出自《史记·周本纪》。

第一章
秦的统一

言归正传，骆老教授认为，所谓王朝的德性，就得靠这些祥瑞、祥物和谶来确定。

比如最早的黄帝，碰见过黄龙，还有一条十多丈长、几米粗的大蚯蚓，黄色属土，蚯蚓也属土，所以黄帝土德盛。到了虞舜，又称虞朝，虞朝就是土德。虞朝后面是夏朝，夏朝的开国君主人禹曾经在郊外碰到过青龙，所在之地草木茂盛，青是木色，木又克土，所以夏朝就是木德。取代了夏朝的是商朝，赶上过山里面冒出来银子的好事儿，故而商属金，金又克木，于是商就是金德。到了周代的时候，周天子曾经看到过好大好大一个火流星在宫殿上空盘旋一周，变成无数的火老鸦飞散，火克金，周自然就是火德了。

老先生这么着从古到今捋了一通，然后满意地捋捋胡子：没错，没错，五德就是这么循环交替、贯彻始终的——这就是"五德终始说"。

第一个称德的王朝

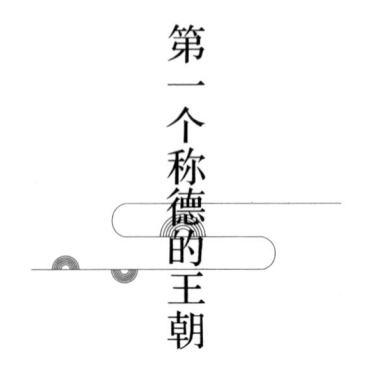

"五德终始说"可是个大大的好东西,因为这套理论包容性特别高,谁都可以按照自己的需求去修改。按它的本意,只有拥有正经德性的势力才能推翻前朝创立新政权,但是此后大家全都反着用,先捏掉前朝,然后再给自己配一个合适的"德",以证明自己是受命于天的合法政权。这就好像是先上车后补票,先生孩子再领结婚证,先打下伊拉克再找大规模杀伤性武器一样,古今道理全都相通。

历代造反派都应当感谢驺衍,因为既然有了这样一种先进的理论来武装和指导,那么大家吹嘘起自己的"受命于天"来就更加理直气

第一章
秦的统一

壮了。首先发现这种好处的就是大名鼎鼎的商人、政治家吕不韦，他不仅让门客把这套理论写进《吕氏春秋》里去，并且按照"五德终始说"为今后新王朝的创建积极筹备理论基础：周是火德，水能灭火，水克火，嗯嗯，那么取代周朝的自然就该是拥有水德的王朝啦。

周朝末代君主周赧王大约死于公元前256年，是在吕不韦当上秦国相邦的七年之前。也就是说，吕不韦召集大群门客编纂《吕氏春秋》的时候，周朝已经灭亡，可是七雄争霸，新朝代还没有诞生。七雄之主虽然已经全都称了王，可是他们的祖先都只是周王朝分封或者承认的诸侯，名义上是周天子的臣下（包括那个始终不肯真正服从王化的楚国），也从没统一过天下，自然没资格拥有正统地位，给予"德"的属性，所以被自动无视了。吕不韦的目光在朝后看。

——话说这种拿割据势力不当王朝，既不给正统地位也不论德的计算方式，以后还经常会碰到，并且被变出无穷无尽的新奇花样，此乃后话，暂且不提。

《吕氏春秋·应同》里对王朝德性的说明，比当年骆老教授所言更为详细，说明了这一门学问始终是在向前发展的。书中说，大凡将有新的帝王、新的王朝兴起，上天一定会先降下祥瑞预兆来提醒老百姓。比如黄帝的时候，上天先生出大蚯蚓和大蝼蛄来，于是黄帝就说："土

马伯庸
笑翻中国简史

气胜！"因为土气胜，所以流行黄色服装，办事儿也很土。等到大禹的时候，草木经过秋季、冬季都不凋零，于是大禹就说："木气胜！"因为木气胜，所以流行青色服装，办事儿也很木。等到成汤的时候，上天先从水里生出一柄金刃来，于是成汤就说："金气胜！"因为金气胜，所以流行白色服装，办的都是金事儿。等到周文王的时候，上天先派火老鸦叼着大红文书聚集在周朝的宗庙里，于是周文王就说："火气胜！"因为火气胜，所以流行红色服装，办事儿也很火。替代火德王朝的，一定是水德王朝，上天一定会先预兆水气胜，因为水气胜，所以流行黑色服装，办的事情都非常水……

至于什么叫土事儿，什么叫金事儿、水事儿，吕老相邦及其门客都含含糊糊地不肯明说，对所预见或者不如说所预告的下一个正统有德王朝，会是七雄中哪一国的未来？也暂且闭口不言。当然啦，吕不韦是秦国相邦，肯定得为秦国说话，他这是先埋下伏笔，给新王朝诞生做政治宣传呢。

吕不韦的预告，很快就在他死后不久变成了现实。从某种意义上来说，也可以说这是预言，因为古往今来，预言只有在变成了现实以后才会被人重视，被人拿出来说事儿，预言要是变不成现实，不是被人骂疯子胡扯，就是被彻底遗忘。吕不韦的预言其实是建立在

第一章
秦的统一

秦国强大的武力和绝佳的政治、外交态势基础上的，而不是什么天降祥瑞、祥物，或者由符谶、谶谣支撑的荒诞故事。以秦国当时的实力，要说天下不会再统一或许有人信，要是说天下还会统一，但不是由秦国来统一，恐怕根本没人理睬。

终于，嬴政扫荡八国，一统天下，并且自封为秦始皇了。这位秦始皇是个很迷信的家伙，特别相信来自齐地的方士们宣扬的阴阳五行那一套，他想求长生不老，就把方士徐福和童男童女数千人派去了东洋大海；因为遭方士侯生、卢生等人的背叛，结果搞了场"坑儒"的惨剧，那都是家喻户晓的史实了。且说秦始皇既然迷信这一类鬼花样，于是驺老教授的徒子徒孙们就主动冒了出来，在重复了一番老教授说过的话以后，又翻烂故典，好不容易找到了，或者也有可能是彻底找不到因而干脆直接编造了一则上天新的预示，他们说：当年秦文公出门去打猎的时候，打到过一条黑龙，黑色属水，由此可见，我强秦统一天下本来就是上天注定的事情啊！

秦始皇听得有趣，又找来吕不韦的书一翻："哦，仲父早就预见过啦，周朝是火德，我大秦是取代了周朝的，果然是古往今来第一号水德王朝。"

秦始皇虽然逼死了吕不韦，但那是政治需要，他对这位老师加"仲

马伯庸
笑翻中国简史

父"的学问还是挺佩服的，况且又对他有用，于是秦朝是水德王朝这件事就这么确定下来了。按照吕不韦所说的，五色里配合水行，同时也可以配合水德的颜色是黑色，于是大家都纷纷把衣服染成了黑的。秦始皇还特意把黄河改名为"德水"，以炫耀自己政权的正统性。

以往夏商周的"德性"都是后人追认的，从秦朝开始，中国王朝才第一次真正有意识地利用这套"五德终始说"，来系统地为自己的正统性做证明。

俗话说"上行下效"，既然皇帝都如此好兴致，下面的马屁精自然也都一窝蜂地研究起阴阳五行来了。驺衍的学说本来是为了劝说天子节俭，要他们注重道德，否则就会被推翻、被代替，结果被这群趋炎附势的家伙超常发挥以后，逐渐开始变质，什么稀奇古怪的东西全都冒了出来，作为官方政治理论的五德学说逐渐蜕变成民间风水算命的理论基础，贻害后世。梁启超就说过："阴阳五行说为二千年来迷信之大本营，直至今日，在社会上犹有莫大势力。"

然而，秦朝这个很水的政权终于历二世而亡，水德终究没能保佑中国第一个大一统王朝按照秦始皇的天才创意传至秦千世、秦万世。接下来就是楚汉相争，而"五德终始说"也因此又掀开了乱七八糟的新一页。

第一章
秦的统一

二曰：凡帝王者之将兴也，天必先见祥乎下民。黄帝之时，天先见大螾大蝼，黄帝曰："土气胜。"土气胜，故其色尚黄，其事则土。及禹之时，天先见草木秋冬不杀，禹曰："木气胜。"木气胜，故其色尚青，其事则木。及汤之时，天先见金刃生于水，汤曰："金气胜。"金气胜，故其色尚白，其事则金。及文王之时，天先见火赤乌衔丹书集于周社，文王曰："火气胜。"火气胜，故其色尚赤，其事则火。代火者必将水，天且先见水气胜。水气胜，故其色尚黑，其事则水。

——《吕氏春秋·应同》节选

秦始皇既并天下而帝，或曰："黄帝得土德，黄龙地螾见。夏得木德，青龙止于郊，草木畅茂。殷得金德，银自山溢。周得火德，有赤乌之符。今秦变周，水德之时。昔秦文公出猎，获黑龙，此其水德之瑞。"于是秦更命河曰"德水"，以冬十月为年首，色上黑，度以六为名，音上大吕，事统上法。

——《史记·封禅书》节选

第二章

两汉

马伯庸笑翻中国简史

造座庙祭祀黑帝

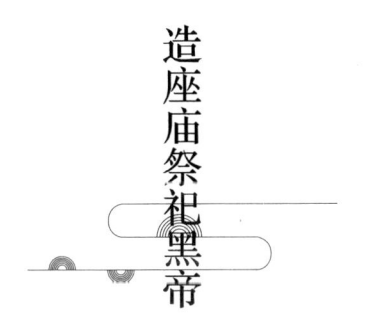

从来都说秦汉、秦汉,其实这么连着说很不恰当,因为秦、汉不是紧连着的,中间有断代。

秦二世三年(公元前 207 年)年底,赵高逼死了二世胡亥,接着秦始皇的孙子子婴又杀了赵高。但是这个时候,咱们开头说的那个刘季已经领兵突破武关,逼近秦都咸阳了。所以子婴再不敢称秦三世,而是退一步称秦王,希望可以靠着归还关东诸侯的土地来苟延残喘——也就是说,这个时候秦朝已经没了,可汉朝还远没有建立。

子婴当秦王才四十六天,刘季就杀进咸阳,灭掉了秦国,但他也

马伯庸

笑翻中国简史

没能赶紧把汉朝建立起来。一个多月以后，项羽率领诸侯联军进入咸阳，宰了子婴，然后把刘季赶去西边儿的穷乡僻壤，封他做汉王。汉王当了整整四年，刘季才终于称帝，建立汉朝，史称西汉。所以说，秦、汉之间有将近五年的空白期，历史上叫它"楚汉之争"，其实啊，也可以叫它"西楚朝"。

且说汉王二年（公元前205年），这时候刘季大概已经改名刘邦了，他正在跟名义上的天下共主、西楚霸王项羽连番恶战。

刘邦这时候还见不着胜利的曙光，不久前，他刚趁着项羽远征齐地搞了场大突袭，打下了西楚的首都彭城，可是屁股还没能坐热，就被心急火燎赶回来的项羽杀了个尸积如山、血流成河，连老婆孩子都被敌人给逮了去，自己是连滚带爬地逃回了关中。可是这位仁兄没心没肺，也不弄块凉席挂块苦胆找机会报仇，反倒优哉游哉地躺在秦朝旧宫里，晃着脑袋问部下："这个……秦朝当年供的都是些什么神哪？"

部下告诉他，秦朝祭祀的是四方天帝，青、白、赤、黄。刘邦皱着眉头想了一会儿，说："我听说一共应该有五帝呀，这怎么才四个？"大家伙儿都说没听说过，不清楚，刘邦说看来还有一个黑帝，得等着我这位真命天子来帮他建祠堂了。

上古时候部族很多，几乎每个部族一个神，就算比不上日本神话

第二章
两汉

里的八百万天神，上千总是有的，上万也不一定。后来有些神跟随着他的部族灭亡了，有些神跟随着他的部族兴盛起来了，更多的神则跟随着他的部族融入了别的部族神话体系中。等到阴阳五行学说产生，把五方都配给了五行，就出现了五方天帝的说法，即东方为青帝，西方为白帝，北方为玄帝，南方为赤帝，中央为黄帝。再后来，干脆把大批远古神灵往这些空头帝号里套：青帝就是太皞氏或者伏羲氏，白帝就是少昊氏，玄帝就是颛顼氏，赤帝就是炎帝神农氏，黄帝就是轩辕氏。这套体系是啥时候最终定稿的不好说，但可见楚汉相争的时候，起码空头五方天帝的名号是已经定了的。

于是乎，刘邦就开始建庙祭祀黑帝，他这个在当时几乎是毫无意义的劳民伤财举动，谁料想对日后却产生了深刻的影响。

刘邦一度被项羽打得很惨，可是翻盘也快，因为项羽本身糟糕的用人和分封政策，加上想到哪儿打到哪儿的极度飘忽的战略手法，最终把自己给搞垮了。公元前203年，琢磨着全都打不下去了的楚、汉双方终于坐下来谈判，决定以鸿沟为界，在中国地图上画了条分割线，商定西经属汉，东经属楚。可谁想项羽才一掉头，刘邦的援军就到了，于是一个猛冲，在垓下把楚军彻底打残。项羽逃到乌江，精神已经崩溃，

马伯庸
笑翻中国简史

干脆抹脖子不活了。

就这么着,昔日的乡下小公务员刘季,就一步登天变成了汉高祖,西汉王朝终于建立。

这个从偏僻乡下冒出来的新王朝,初建的时候很没有规矩,因为刘邦嫌秦朝那一套礼仪太烦琐,下令全都给废了。结果在朝堂之上,群臣肆无忌惮地胡作非为,一边喝酒一边表功劳,闹急了干脆拔出剑来砍柱子,把坐在上面的皇帝给吓个半死。好在这时候,有个叫叔孙通的儒生站了出来救驾,说这是上朝议政,不是酒馆儿聚会啊,得定朝仪,让大家伙儿都讲规矩。刘邦说好,你定套比较简单的试试,大家伙儿都是乡下人,太复杂了谁都搞不懂。

于是叔孙通就带着他一大票弟子开始制定朝仪,定完了就费劲巴拉地教会群臣。然后再等上朝的时候,大家伙儿全都规规矩矩,该站哪儿站哪儿,没人大声说话,没人拔剑乱砍,就算皇帝赐酒,也都按照一定顺序来先举杯敬贺皇帝,然后再喝。刘邦这下高兴啦,说:"直到今天,我才知道当皇帝原来这么尊贵啊。"

规矩要不定就不定,定了一套规矩,刘邦满意了,就难免会想再造另一套。马屁精们因此逮到了机会,纷纷上奏,帮王朝搞出种种无意义的表面工程来,于是就有人想起了德性的事情,请示刘邦,您看

第二章
两汉

咱们得算是哪一德?

刘邦是半拉黑社会出身,比不上项羽、张良之类的高干子弟,素质实在不高,听了这话就想当然地拍板。他想当然什么呢?他想起自己当年给黑帝造庙的事情啦,因而傻呵呵地说:"你看,当年黑帝就等着我给他立祠,说明大命在我这儿,水德尚黑,那咱们汉朝就是水德吧,大家继续穿黑衣服。"

"咣当!"旁边一百个人倒下九十九个。

刘邦开口说咱就水德吧,这一方面说明他没文化,另一方面也正说明了斩白蛇起义的故事这时候也还没有编造出来。否则的话,上天的预示早就给了呀,你刘邦是赤帝子,赤色是五行中火的颜色,那么你建立的汉朝当然应该是火德啦。即便是水克火,水德的秦朝却偏偏被火德的汉朝给灭了,有点儿说不大通,可也终究比直接定水德来得靠谱点儿吧。

为什么呢?你想,秦朝就是水德啊,如今老刘家身为战胜国,就算不找个能克水的德性,也不能跟着秦朝走啊。何况秦朝办的是水事儿,按照后来司马迁总结的,那就是"刚毅戾深,事皆决于法,刻削毋仁恩和义",换句话说就是毫无人情,彻底法制,而且法律条规还

马伯庸
笑翻中国简史

极其烦琐、严厉。这时候老百姓最烦也最恨的就是这些玩意儿，要不然刘邦也不会一进咸阳就"约法三章"，把秦朝的厚厚一摞法律条规给大刀阔斧地砍得只剩三条。如今刘邦偏还要选水德，那不就等于宣告全天下，俺们跟暴秦根本是一伙的吗？这人可丢大发了呀。

所以听了刘邦的话，群臣是面面相觑，都不知道该说什么才好。不过周围的人虽然倒下九十九个，也还真有一个没倒的，这个人就是新封北平侯的计相张苍，他站将出来，清清嗓子，开始长篇大论。

这位张苍，以前曾经担任过秦朝的御史，精通天文历法，算是个高级知识分子，想必对这连秦始皇都深信不疑的五德之说应该是烂熟于胸。那么他站出来是为了反驳刘邦吗？怎么可能，皇帝说话就是金口玉言，怎能算错？况且这种事儿也无关经济民生，顺着皇帝的话接着往下说就好了嘛，说法有点儿歪，咱可以帮忙扳正啊，道理说不通，咱可以帮忙找理由啊。

于是张苍装模作样地推算了一番，继而严肃地帮刘邦解释道："暴秦那根本就不能算是一个朝代，只是周朝属下的一个闰统。夏、商、周都有好几百年，暴秦才十来年，怎么能算朝代呢？咱汉朝出身正统，直接继承的是周代的正朔，周代是火德，水克火，所以咱们是水德，正合适——陛下英明，陛下伟大，陛下说得一点儿都没有错！"

第二章
两汉

刘邦这下可高兴了，嘿，没想到我随口一说还真蒙对了！你瞧，就连学问那么高的张先生都认可。于是汉朝的德性就这么定了下来，是水德，刘邦还特意在上邽建造了一座天水祠，唯恐别人不知道自己是水德王朝。

别看张苍这借口很牵强，却为后世无数王朝开创了一个恶毒先例。以后经常就有人拿类似说法作为理由，把不顺眼的前朝忽略掉，改为继承一个比较光彩的朝代，充分显示了"五德终始说"的柔韧性和可塑性。

事实上，司马迁说水德是"刚毅戾深，事皆决于法，刻削毋仁恩和义"，那是倒果为因。不是因为秦朝认了水德，所以才严刑峻法，而是因为它严刑峻法，所以司马迁才认为水德就是那个德行（北方的朋友们可以读轻声了）。当初驺老教授对于五德究竟该定义为哪五种人世间的道德好词儿就说得含含糊糊的，光顾着跟五行相对应了，他的后世弟子也都没能搞清楚这个问题，或者压根儿就不打算搞清楚。

所以按照五行的说法，水的性质是"柔静处下"，你也可以说水德就代表了谦虚，或者代表了以柔克刚。换个角度去考虑问题，秦朝的施政方针激烈、蛮横，按照五行的特质，硬说是火德或者金德也并无

马伯庸
笑翻中国简史

不可。汉朝也面临着同样的问题，金、木、水、火、土五德，想安上任何一个都能够找出歪理来，刘邦想当然地一张嘴，你确实不能说他肯定就错了。

咱们再把话题拉回开篇那个司马迁堂而皇之在《史记》里记录的刘邦斩白蛇的荒诞故事，倘若把这个故事里的五行特质与五德相对应，则秦朝应该是尚白的金德，汉朝应该是尚红的火德。那么理由是怎么来的呢？很简单，因为西方属金，而秦国位于西方，南方属火，楚国则位于南方，所以才会拿"白帝子"来称秦帝，用"赤帝子"来称原为楚人的刘邦。这个荒诞故事对于刘邦敲定汉朝究竟属于哪种德，可以说毫无影响，但是谁都料想不到，在《史记》完成多年后，这个故事竟然又被翻了出来——此乃后话，暂且不提。

由此可知，刘邦随口敲定汉朝为任何一德，其实都不算什么大问题，马屁精们总能找到各种理由来证明"陛下圣明"，而对老百姓来说，他们都未必知道秦朝曾自认是水德，当然更不会把秦朝的暴政跟刘邦的水德认同画等号了。但是歪理也有看似圆不圆的问题，公孙龙可以说"白马非马"，但他不能说白牛是马，或者白马是驴，张苍硬生生把大一统的秦朝贬低为闰统，这种超强的柔韧性很难得到某些认死理的闲人们认同。于是等刘邦和吕后都死了，可以说西汉的开国期终结了以后，

第二章
两汉

也就终于有人敢跳出来反对了。

这个人，就是大名鼎鼎的贾谊。

> 二年，东击项籍而还入关，问："故秦时上帝祠何帝也？"对曰："四帝，有白、青、黄、赤帝之祠。"高祖曰："吾闻天有五帝，而有四，何也？"莫知其说。于是高祖曰："吾知之矣，乃待我而具五也。"乃立黑帝祠，命曰北畤。有司进祠，上不亲往。悉召故秦祝官，复置太祝、太宰，如其故仪礼。因令县为公社，下诏曰："吾甚重祠而敬祭。今上帝之祭及山川诸神当祠者，各以其时礼祠之如故。"
> ——《史记·封禅书》节选

"拨乱反正"的成与败

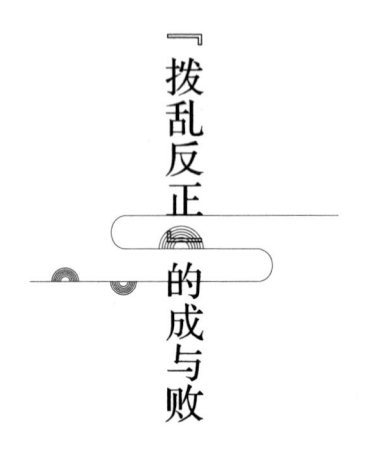

贾谊是西汉著名的文学家、政论家，他年方弱冠就被汉文帝相中，召为博士，然后不到一年时间就被破格提拔为太中大夫。年纪轻轻地登上高位，所谓"木秀于林，风必摧之"，他当即遭到朝臣们的一致嫉恨，谗言满天飞，文帝被迫贬他为长沙王太傅，后来一度将他召回长安，可是又派他去担任梁怀王太傅。贾谊又气又恨，才三十二岁就一命呜呼，为此深得后人的惋惜和缅怀——司马迁在《史记》里竟然把他跟屈原并列一传，也表示他的冤屈之深，跟屈原有的一拼。

就是这个贾谊，他年轻气盛，不畏权贵，更不怕张苍这种假学术

第二章
两汉

权威，因而在汉文帝二年（公元前178年）的时候，直接上疏文帝，说按照五行相克，土克水，所以我大汉应该是土德，才能克掉水德的秦朝，强烈建议立刻全国改德，服装变黄——这大概也是文帝把他一脚踢到当时还很偏远、很蛮荒的长沙国的原因之一吧，你这说法也太反潮流了！

贾谊彻底失败，可是到了汉文帝十四年（公元前166年），一个名叫公孙臣的鲁国人再度发难。不过有贾谊的前车之鉴在，公孙臣不敢再硬来了，而是采取了全新的策略。他在给文帝的奏表中预言说，根据符谶，过些日子将会有一条黄龙出现在成纪，黄色在五行里配的是土，所以汉朝应该奉行土德才对。文帝一瞧，心说这是张苍的专业啊，于是就把奏表转发给当时担任丞相的张苍，让他给审核一下。

张苍老奸巨猾，看到奏表，眼珠子一转，心说不妙——当初硬着头皮附和刘邦，主张汉朝该是水德的是我，如今这个公孙臣却主张土德，分明就是拆我老人家的台嘛。看起来光赶走一个贾谊，这股逆流翻案风还刹不住。不行，坚决不能承认这回事儿！于是张苍上奏，说咱汉朝的水德是有上天预兆的，那就是"河决金堤"。也就是说黄河下游的支流金堤河在秦末的时候发过大水，这不正好说明了西方的秦该是金德，而咱南方的汉该是水德，水旺盛而冲了金吗？

马伯庸
笑翻中国简史

　　他可没有想到，公孙臣老谋深算，既然提到了黄龙的事儿，就不会是空口白话，而是早就有了巧妙的安排了。果然过了没多久，就有公孙臣的同党跟着上奏了，说小人确确实实千真万确在成纪瞧见好大好恐怖的一条黄龙。这一回张苍可是有苦说不出，人家一口咬定看见黄龙出现，然后又飞走了，你又证明不了人家是扯谎，压根儿没见过。于是舆论哗然，人人都说张苍是搞学术腐败，还打击异己，搞得这位老丞相颜面扫地。

　　就这么着，公孙臣得意扬扬地进宫觐见，文帝当场给他封了个博士，下令编制土德的历法书；而张苍从此失宠，在丞相位子上死皮赖脸地又熬了几年以后，被迫称病回乡了。

　　或许公孙臣本人真的相信自己的推算准确无误，不过是为了对抗假学术权威才耍了个小花样，但他开了一个很恶劣的头——要知道，这种声称发现祥瑞的事儿成本相当之低，但是收益却很高，于是后世纷纷效法。所以我们翻开史书，经常可以见到某年某月某日，谁谁谁在哪儿又瞧见一条龙，或者瞧见只凤凰、麒麟啥的，特报祥瑞云云，种种学术造假的根子大概就在公孙臣这里——至于韩国教授黄禹锡[①]之

[①]　黄禹锡：生于1952年，韩国生物学家，曾被揭发伪造多项研究成果。

第二章
两汉

类，不过是公孙臣多少代徒子徒孙罢了。

那么，汉朝就因此"拨乱反正"，正式从水德改成土德了？也没有。因为正当文帝做好准备，打算听从公孙臣的话下令改德，同时大家伙儿也都预备换服装的时候，突然出了另外一档了事儿，把他搞得龙颜大怒，一拍桌子改主意了。

究竟是什么事儿呢？原来有一个赵国人名叫新垣平，和公孙臣一样，都属于方士或者阴阳家一派，据说最擅长"望气"——所谓望气，就是说能够通过天上云彩的形状、走向，甚至能够通过别人瞧不见的虚空中气息的流布，揣测上天的意旨。这位新垣平原本不得志，只能在乡下骗骗村夫愚妇混点儿吃喝，可是一瞧见公孙臣靠着指使别人说见着黄龙了就平步青云，不禁动起了歪脑筋：这条道儿可以走，有前途。

于是新垣平也赶紧给文帝上奏，说我瞧见长安东北方有五彩的神气，应该建所庙宇来祭祀，里面青白赤黄黑五帝全有，汉朝正应土德。为了证明自己确实有本事，不是上嘴唇磨下嘴唇随口一说，他还伪造了一只玉杯，上刻"人主延寿"四个篆字，诡称是一个仙人送给文帝的，同时献了上去。按照咱们前面的分类，说见着五彩神气是报祥瑞，献上玉杯则是造祥物。

马伯庸
笑翻中国简史

　　文帝一接到玉杯，那真是爱不释手，他本来心眼儿就实在，加上耳根子软，当场就信了，立刻下诏建五帝庙，还封新垣平做上大夫，赏赐了不少好东西。新垣平就此得意起来，但这家伙不知道见好就收，为了稳固文帝对自己的宠信，成天信口开河胡说八道。俗话说"常在水边走，哪能不湿鞋"，这位老兄越吹越邪乎，破绽也越来越多，这就给了正满心郁闷、打算趁早辞职的张苍老丞相反击的机会。张苍经过暗中调查，找到了帮新垣平在玉杯上刻字的工匠，于是立刻上疏揭发。

　　新垣平一案，很快就落到了廷尉张释之的手里。这位张释之在汉初那也是大名鼎鼎的人物，论后世的名气还在张苍之上，他最善于审断案件，按律执法，按法判刑，新垣平落到他手里，没费多大周折就全都招了。张释之大笔一挥：这是欺君罔上、大逆不道之罪，按照汉律该夷三族没的商量。所谓夷三族，就相当于俗话说的满门抄斩，不光犯人自己掉脑袋，就连爹娘、妻儿也都得被处死。

　　就这么着，新垣平全家都完蛋了，而汉文帝呢？他想到自己从前对新垣平的宠信，不禁觉得纯洁的小心灵受到了无情的伤害，从此对方士、阴阳家那是恨入骨髓，对种种祥瑞预兆也都心灰意冷了。最可怜的，公孙臣也连带着遭了池鱼之殃，立刻失了宠，因而改水德为土德之事，也就此不了了之。

第二章
两汉

鲁人公孙臣上书曰："始秦得水德，今汉受之，推终始传，则汉当土德，土德之应黄龙见。宜改正朔，易服色，色上黄。"是时丞相张苍好律历，以为汉乃水德之始，故河决金堤，其符也。年始冬十月，色外黑内赤，与德相应。如公孙臣言，非也。罢之。后三岁，黄龙见成纪。文帝乃召公孙臣，拜为博士，与诸生草改历服色事。其夏，下诏曰："异物之神见于成纪，无害于民，岁以有年。朕祈郊上帝诸神，礼官议，无讳以劳朕。"有司皆曰："古者天子夏亲郊，祀上帝于郊，故曰郊。"于是夏四月，文帝始郊见雍五畤祠，衣皆上赤。

——《史记·封禅书》节选

儒生开始瞎掺和

汉文帝以后是汉景帝，汉景帝以后是汉武帝，直到武帝初年，大家伙儿还是习惯性地认为汉朝属于水德。武帝甚至还进一步发挥，干脆把刘邦设立天水祠的上邽归为天水郡。

一直等到日历翻到了汉武帝元封七年即太初元年（公元前104年），真正"拨乱反正"的人物才终于出现。当时正担任太史令的司马迁和太中大夫公孙卿、壶遂三个人一起上疏给汉武帝，说现在的历法乱七八糟，尤其咱汉朝得到天下之后还没有改过"正朔"，所以得将其重新整顿和编制一下。

第二章
两汉

对古代王朝来说，历法可是大事儿，历法直接关系到老百姓的农事，也直接影响到朝廷对于农业问题的施政方针，而在那时候，农业问题是全社会最根本的问题。那么"正朔"又是啥呢？一年之首就叫"正"，一月之首就叫"朔"，所谓正朔，就是说历法以哪一月、哪一天作为一年的开端。传说夏朝的时候，是以冬至以后第二个月为正月，算一年的开端；商朝给变了，以夏朝历法的十二月为正月；周朝以夏朝历法的十一月为正月；秦朝以夏朝历法的十月为正月——之所以这么改来改去，大概是为了表示咱们跟前朝不同，有新气象、新历法吧。

所以按照规矩，汉朝替代了秦朝，也得改个"正朔"，当年刘邦那大老粗想不到这点，也没人给他提醒，所以没改，大家伙儿还是沿用秦朝的历法。可那时候天文学和数学都很原始，编成的历法算定的一年，跟真实的地球绕太阳一圈，也就是"回归年"，多少有点儿差距。一开始差几分几秒不算什么，但这种历法用的时间长了，就能差出好几天甚至一两个月去，直接影响到春播秋收。所以历代王朝经常会编定新的历法，一方面调整误差，一方面也越算越精细。

对于历法这种大事儿，汉武帝可不敢轻慢，当即准奏，并且叫来了御史大夫儿宽，说就由你牵头，带着那三位好好商量商量、计算计算吧，看看新历该怎么编，正朔该怎么定。

马伯庸

笑翻中国简史

于是儿宽和司马迁几个人碰面一合计，觉得咱还是别再学商、周、秦三朝，一个月一个月往前推正朔了，这得多麻烦啊，干脆恢复夏朝正朔。于是他们编定了新的历法，定名为《太初历》，武帝全盘接受，并且根据新历法的名字，把这一年的年号改为太初元年。从此以后，两千多年过去了，历代王朝都说定正朔、定正朔，实际上绝大多数情况下，并没有真的改变过一年的开端，所以咱们现在所用的农历，都还有着"夏历"的别名。

《太初历》的编定，跟咱们这本书的主题关系极深，因为儿宽、司马迁等人编历的时候还夹带了一笔"私货"进去，那就是彻底"拨乱反正"，把假学术权威张苍一棍子打倒再踏上一万只脚，叫他永世不得翻身——他们上奏汉武帝，重提当年贾谊和公孙臣的建议，要求抛弃水德，改奉土德。武帝跟他太爷爷刘邦不同，是个有文化的君主，也觉得当初张苍那套鬼话实在编不圆，就此准奏。

但是还有一件麻烦事儿。当时的儒家大宗师董仲舒曾经在他著名的《春秋繁露》一书中提出过一个全新的"三统说"，在《三代改制质文》一章中，他说："故汤受命而王，应天变夏作殷号，时正白统……文王受命而王，应天变殷作周号，时正赤统……故《春秋》应天作新王之事，

第二章
两汉

时正黑统……"翻译成白话就是："商朝是白色的国统，周朝是红色的国统，按照《春秋》的说法，如今该有新王朝，是黑色的国统。"

咱们更详细一点来解释这个"三统说"吧。按照这种理论，一年分十二个月，对照着天地间的十二种颜色，而其中有三个月最为关键，相应的三种颜色便被称为"三统"。哪三个月最关键呢？也就是十一月、十二月和十三月。

说到这儿，大家伙儿要问了，无论农历还是公历，一年都只有十二个月呀，那第十三个月是从哪儿蹦出来的？原来所谓十三月，是指去除正月（因为夏、商、周、秦，各朝所规定的正月都不相同），而从二月起算，所以十三月其实就代表了一月。这三个月正当冬季，正是万物蛰伏、即将复苏的时候，象征着新的正统王朝即将诞生，所以各代的历法，就都从这三个月里挑一个当成一年的开端，定为正月。

拉回来说，十一月的颜色是赤色，所以周朝以十一月为正月，就代表了天统，尚赤；十二月的颜色是白色，所以商朝以十二月为正月，就代表了地统，尚白；董老宗师没提夏朝，但他说了十三月的颜色是黑色，黑色是正统轮替的开端，也就等于承认以一月为正月的夏朝为人统，尚黑。最后他说，根据研究《春秋》所得，新王朝应该正黑统，以一月为正月，尚黑。

就正朔问题而言，他的话跟司马迁等人的一致，但就德性问题而言，这个三统说天然地跟五德说存在矛盾——黑是水的颜色，"黑统"云云，那就是说汉朝还该是水德呀。估计董老宗师写那本书的时候，压根儿不清楚贾谊或者公孙臣要求改德性的建议，或者虽然清楚却不赞成，所以他是按着当时官方说法来套用的标准答案。从我们现代人的角度来考虑问题，这也无非是两部奇幻小说的设定不同罢了，但在那时候可是了不得的、有关根本路线方针的大事儿。

要知道，汉初尊奉的是"黄老学说"。到了汉武帝这儿，他觉得"黄老"不给力，不能给他好大喜功的开疆拓土提供理论依据，于是就把本来在朝堂上没多少影响力的儒家又给翻了出来。

武帝先是把儒家的平民政治家公孙弘提拔为丞相，接着又搬出了正在河北乡下写书的儒家大宗师董仲舒，把他请去都城长安。董仲舒一番高论，不仅清楚地阐述了从孔子、孟子一脉相承下来的儒学正统，还夹杂了大量自己的研究成果，提出"大一统""天人感应"，当场就把武帝给听傻了。说白一点儿，孔子之儒是空想，孟子之儒讲王道，董仲舒之儒则彻底把儒家绑在了统一王朝的战车上，为天子统治全天下编造理论依据。对于这种实用理论，武帝哪有不喜欢的道理呢？

于是汉武帝当即下诏："罢黜百家，独尊儒术。"

第二章
两汉

所以对于董老宗师的奇幻设定，汉武帝是不可能视而不见的，他怎么也得给老先生留点儿面子，不能直截了当地说阴阳家的五德说是对的，儒家的三统说就错了。那该怎么办才好呢？没关系，武帝雄才大略，他既能接受人为编造的理论，也能自己编造理论，干脆玩儿一把中庸，把三统说中的正朔和五德说中的服色给糅合起来，编成一门边缘学科，从此定为官方理论。他在泰山封禅的时候搂草打兔子，顺便诏告天下，这才总算使得长时间的争议告一段落。

说句题外话，冯友兰先生在《中国哲学简史》里也提到过这个三统说，还半开玩笑地说："法西斯主义正黑统，资本主义正白统，共产主义正赤统。"

总之，从汉初就延续下来"汉应水德"的大笑话终于在九十二年后收场，在汉武帝的威光普照下，确定了汉朝应土德，汉人终于可以脱下保安服，换上黄马甲了。而儒家的"三统说"终于和阴阳家的"五德终始说"合二为一，标志着方士、阴阳家们一步步退出历史舞台，从此推演五德的重任就交给了也逐渐变得神神道道的儒生们。

王者改制作科奈何？曰：当十二色，历各法而正色，逆

马伯庸
笑翻中国简史

数三而复，绌三之前，曰五帝，帝迭首一色，顺数五而相复，礼乐各以其法象其宜，顺数四而相复，咸作国号，迁宫邑，易官名，制礼作乐。

故汤受命而王，应天变夏作殷号，时正白统，亲夏、故虞，绌唐，谓之帝尧，以神农为赤帝。作宫邑于下洛之阳，名相官曰尹，作濩乐、制质礼以奉天。文王受命而王，应天变殷作周号，时正赤统，亲殷、故夏，绌虞，谓之帝舜，以轩辕为黄帝，推神农以为九皇，作宫邑于丰，名相官曰宰，作武乐、制文礼以奉天。武王受命，作宫邑于鄗，制爵五等，作象乐，继文以奉天。周公辅成王受命，作宫邑于洛阳，成文武之制，作汋乐以奉天。殷汤之后称邑，示天之变反命，故天子命无常，唯命是德庆。故《春秋》应天作新王之事，时正黑统，王鲁，尚黑，绌夏、亲周、故宋，乐宜亲招武，故以虞录亲，乐制宜商，合伯子男为一等。

然则其略说奈何？曰：三正以黑统初，正日月朔于营室，斗建寅，天统气始通化物，物见萌达，其色黑，故朝正服黑，首服藻黑，正路舆质黑，马黑，大节绶帻尚黑，旗黑，大宝玉黑，郊牲黑，牺牲角卵，冠于阼，昏礼逆于庭，丧礼殡于东阶之上。祭牲黑牡，荐尚肝。乐器黑质。法不刑有怀任新产者，是月不杀，听朔废刑发德，具存二王之后也，亲赤统，故日分平明，平明朝正。

正白统奈何？曰：正白统者，历正日月朔于虚，斗建丑。天统气始蜕化物，物初芽，其色白，故朝正服白，首服藻白，正路舆质白，马白，大节绶帻尚白，旗白，大宝玉白，郊牲白，牺牲角茧，冠

第二章
两汉

于堂，昏礼逆于堂，丧事殡于楹柱之间，祭牲白牡，荐尚肺，乐器白质，法不刑有身怀任，是月不杀，听朔废刑发德，具存二王之后也，亲黑统，故日分鸣晨，鸣晨朝正。

正赤统奈何？曰：正赤统者，历正日月朔于牵牛，斗建子。天统气始施化物，物始动，其色赤，故朝正服赤，首服藻赤，正路舆质赤，马赤，大节绶帻尚赤，旗赤，大宝玉赤，郊牲骍，牺牲角栗，冠于房，昏礼逆于户，丧礼殡于西阶之上，祭牲骍牡，荐尚心，乐器赤质，法不刑有身，重怀藏以养微，是月不杀，听朔废刑发德，具存二王之后也。亲白统，故日分夜半，夜半朝正。

——《春秋繁露·三代改制质文》节选

皇族神棍登场

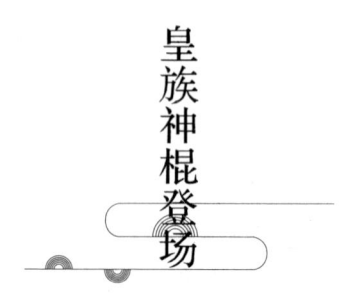

土行的颜色是黄色,所以土德王朝的官员得穿黄袍子,但这种黄既不是杏黄也不是明黄,按照汉朝的印染工艺,估计还做不出那么鲜亮的料子来,汉官的服色是赭黄,说白了就是土黄色。说句题外话,后来官员的袍服主色越来越多,越来越杂,甚至根据官品高低还必须使用不同颜色,赭黄就变成皇帝的服色了(但不跟"朕"这个字眼儿一样是独享的),再后来皇帝改穿赭红袍,到了清朝才改成了独享的明黄。

汉朝终于确定了自己的德性是土德,大家伙儿改穿黄袍子,那么

第二章
两汉

问题圆满解决了吗？很让人头大，问题还没有解决，偏偏就在西汉差不多该结束了的时候，突然平地里又掀起一阵波澜来。而这股波澜不仅在当时产生了巨大的震动，而且对后世千年都影响深远，"始作俑者"就是刘向、刘歆父子俩。

这爷儿俩大概是西汉皇族里除几个皇帝以外最有名的家伙了吧。刘向本名刘更生，字子政，是楚元王刘交（刘邦的同父异母兄弟）的四世孙。咱们知道，汉景帝的时候爆发过"吴楚七国之乱"，当时的楚王是刘戊，因为参与造反，战败后走投无路自杀了，但是景帝顾念着这一国根红苗正，没忍心废藩，就让刘戊的弟弟刘礼继承了王位。刘礼往后又传了四代，到了汉宣帝的时候，这一代楚王刘延寿又打算谋反，结果比不上他叔祖爷爷，还没等动手就阴谋败露被迫自杀，楚国终于没逃了，还是被灭掉了。

楚国是灭掉了，刘交一系的王子、王孙可还没有死绝，终于出了个才华出众而又忠心耿耿的刘向。汉元帝的时代，刘向出任宗正，也就是皇族事务大臣，汉成帝的时代，又任光禄大夫，也算是副国级别的高官了。后世给刘向戴上的帽子不少，包括经学家、目录学家和文学家，他编写过《别录》《列女传》《说苑》等好几部书，可以算是著作等身的大文豪了。刘歆是刘向的儿子，本身也是强人一个，不光文

马伯庸
笑翻中国简史

科成绩好,理科也不含糊,曾经研究过圆周率,还打算重新修订又开始走形了的历法。

这时候,西汉朝已经彻底由儒家一统天下了,汉宣帝还曾经说过:"我家本来的制度,就是霸道和王道掺和着用,怎么能单单鼓吹道德呢?那些儒生喜欢借古讽今,怎么能够重用呢?"可是到他儿子汉元帝的时代,就把老子的话彻底当耳旁风,崇儒崇到了令人匪夷所思的地步。刘向、刘歆父子本身就是大儒,再赶上这一时代风潮,于是刘歆在修订历法的时候,就彻底采用了董仲舒的"三统说",编成了一部《三统历》,并且获得官方认可,在汉成帝绥和二年(公元前7年)正式开始实施。

刘歆既然这么崇拜董仲舒,本人在当时也算是一代儒家宗师,自然对本来由阴阳家们推算或者说编造出来的"五德终始说"不大满意——竟然和"三统说"有矛盾,是可忍,孰不可忍——于是他就挖空心思去揪五德学说的漏洞,在老爹刘向曾经基于同样理由搞过的一些研究的基础上,很快,刘歆就打了一个大胜仗,从而彻底埋葬了阴阳家们对官方德性学说仅存的一点点影响力。

汉儒跟孔子之儒、孟子之儒是不同的。孔子曾经说过"敬鬼神而远之"。孟子也差不多,他嘴里的天、王道之类词语都是虚的,从来不

第二章
两汉

去盘根究底。可是到了以董仲舒为代表的汉儒这儿，儒家却吸收了大量方士和阴阳家的论调，开始讲"天人感应"，也开始大范围研究并大规模制造迷信了。刘向、刘歆父子作为董老宗师的徒子徒孙，当然也不能免俗，这爷儿俩都极喜欢"谶纬之学"。

"谶"咱们解释过了，在当时主要是由方士们编造出来的，用语含糊，可以正着理解也可以反着理解，是一种反正怎么说都能勉强说得通的预言；所谓"纬"，就是汉儒附会传统儒家经书所新编的一系列教材，跟"经"书相对，所以叫"纬"。"谶纬之学"，说白了就是拿迷信往儒家理论上去套。

有人根据《汉书·五行志》的记载做统计，算出刘向父子所推测的各种天灾人祸、灵异事件以及祥瑞预示，总共有一百八十二件，发表相关理论二百二十六则，是汉代儒生里面玩儿得最欢的，别人就算坐飞机也赶超不了。搁现在说，这俩人就是积年的老神棍，要再多拉几个门徒就能发展成邪教。那么这样的父子俩，怎么可能不痴迷五行、五德之类的言论呢？就算类似言论跟董老宗师的训示有矛盾，他们也会尽量去加以修订，而不会一棍子把五行、五德彻底打翻在地的。

所以刘歆不是直接判定驺衍和他的徒子徒孙们全都错了、"五德

马伯庸 笑翻中国简史

终始说"全面破产,而是拼了命地在故纸堆里狂翻,外加拼了命地列算式推演,非得挖出根儿来。"五德终始说"哪一点有问题,只要修订了那一点,就能让五德、三统两种学说完美地融合为一体,而不是像当年汉武帝的纯行政命令那样,硬生生把两种学说给扯到一块儿去。

其实算起来,突破口大概刘向早就已经找到了,但最终完善这一套全新的融合理论的,还得算是刘歆。原来,他们爷儿俩在苦研《易经》的时候,猛然间发现了一句"帝出于震",是越琢磨越不对劲儿。你想啊,阴阳家们都说第一代人主是黄帝,论德性也是从黄帝开始论,可是根据五行学说,黄帝的位置是在中央,属土,而八卦里的震位则指的是东方,属木,这不矛盾吗?于是刘向父子赶紧又去翻董仲舒的著作,在字里行间,终于发现了问题的症结所在——原来是阴阳家们搞错了,董老宗师可始终都没错,只是没说清楚而已。

他们推算出来,原来"帝出乎震"的"帝"并不是指黄帝,而是指的伏羲,因为伏羲一向是位于东方的,所以"疱牺(伏羲)氏始受木德"。

刘歆经过长时间的钻研以后,给出的最终结论是,"五德终始说"理论上是对的,但在具体研究上却研究岔了——你看吧,果然相关天

第二章
两汉

道之事，还得咱们儒生来讲，阴阳家们学艺不精，摸着了门儿却走错了道儿。

首先，德性该从伏羲开始算，而不是从黄帝开始算，伏羲的时代应该在黄帝之前。其次，驺衍说德性是"五行相胜"，也就是说五德的排序从来是后一个德克了前一个德，这从根本上有问题，应该按照董仲舒老宗师说的，"五行相生"，也就是说五德的排序从来是前一个德生出了后一个德来。因为汉宣帝还说"霸道和王道掺和着用"，从汉元帝开始就光说王道了，王道王道，哪能那么血淋淋地一个克一个呢？咱得温柔敦厚一点儿，得和谐一点儿，旧王朝灭亡不是被新王朝给克掉的，而是历史使命终结，自己咽了气的，正统新王朝的诞生，那都是顺应德性而生，根本就不该有暴力。

当然啦，事实就是事实，理论终究是理论，理论总有跟事实不大对付的地方，有些人是顺着事实修改理论，有些人则顺着理论修改事实——刘向父子就属于后一类。他们推算来推算去，还是发现有漏洞，最后只好把张苍的旧说法又给提了出来：秦代不以德治国，而是以严刑峻法治国，所以没有资格算"德"国，只能叫"闰统"。闰就是额外多出来的，比如闰年、闰月，所以秦朝是额外多出来的，计算五德轮替，不能算到它头上。

马伯庸
笑翻中国简史

再者说了,按照"三统说",正统王朝就该定十一月、十二月或者一月为正月,秦朝却偏偏定十月为正月,不正说明它不正统吗?

于是基于这些认识,刘歆在《三统历·世经》中,把驺衍和董仲舒的理论框架都摆上去,然后合而为一,重新设计出一个更为恢宏的德性世系表。在这个表里,伏羲是当仁不让的第一位,他上承还没有建国的钻木取火的燧人氏,应该算是木德;炎帝承接伏羲,木生火,于是炎帝就是火德(他还顺便敲定了炎帝就是神农氏);接下来火生土,黄帝就是土德;少昊以金德承土。按照这种规律往下一路推演过去,颛顼帝以水德承金,帝喾木德承水,唐尧火德、虞舜土德、夏禹金德、成汤水德,到了周武王的时候,水生木,于是周代就是木德。秦代忽略不计,那么汉朝直接继承的是周代,木生火,汉朝理所应当该是火德嘛(准确地说,秦并没有被忽略不计,但级别比其他朝代低了一等)。

你瞧瞧,这么一来,当年高祖皇帝斩白蛇起义的事儿就彻底归位了,这才是上天最准确的预兆啊。汉朝是火德,所以刘邦是"赤帝子",严丝合缝,理论和"事实"绝对一一对应,毫厘不爽。刘歆的"新五德学说",就此热腾腾出笼。

当然,刘歆这一套花样也并不是毫无漏洞的,比如董老宗师曾说

第二章
两汉

商朝"正白统",那就该是金德,周朝"正赤统",那就该是火德,新王朝即汉朝"正黑统",那就该是水德,怎么到刘歆这儿变成了商朝水德、周朝木德、汉朝火德了呢?原来他干脆把三统的颜色和五德的颜色给拆分了开来。后来有本叫《春秋感精符》的纬书里就解释得很清楚——

周朝以木德称王,火是木之子,所以用火的赤色;商朝以水德称王,金是水之母,所以用金的白色;夏朝以金德称王,水是金之子,所以用水的黑色……

好嘛,三统和五德这一混搭,问题搞得更复杂也更混乱了。

对今天的咱们来说,刘向、刘歆父子这一套新理论不能说是对还是错,还有驺衍的原始"五德终始说",就好比一个是美式足球,一个是英式足球,反正都不是天地自然生成的规律,而是人为造出来的理论。不过在当时,这却是关系到一个朝代体面的大事儿。想当年汉朝从水德改成土德,就费劲巴拉花了一百来年,这还幸亏撞上一个正打算"罢黜百家,独尊儒术"、在思想领域建立全新秩序的汉武帝,才最终拍板。如今又过了将近一百年,大家穿黄马甲也穿习惯了,没理由再轻易相信什么"汉应火德"的说法,那不是给自己找麻烦吗?现在就算一条街道改名,都得造新牌子换新地图,且一通折腾,耗费极大成本,更何况是全国都改换个德呢?所以刘歆是拼命鼓吹,但是朝廷坚决不

马伯庸
笑翻中国简史

点头,下面也没多少人跟着起哄,这件大事儿就这么干脆晾在了一边儿。

倘若刘歆是个没野心没欲望的老好人,大概他的新理论也就跟当年贾谊给汉文帝要求改德的上奏一样,就此被扫进朝廷的垃圾堆吧,至于以后还会不会有公孙臣、司马迁之类继续高举革命大旗的人再给翻出来,那可实在说不准了。然而刘歆坚决不肯放弃——这套理论要是被官方认可,老爷我就比"谈天衍"还能谈天,是直继董老宗师衣钵的当代第一大儒啦,这么响亮的名头怎可不拼了老命去争取?

此处不留爷,自有留爷处,朝堂上全是一票浑蛋,不识金镶玉,咱还得把这学问卖给真正有眼光的人物。于是刘歆到处游说、打点,你还别说,真被他找到了一个知音,并且这知音没多久就一步登天掌握了朝廷的实权。

太昊帝 《易》曰:"炮牺氏之王天下也。"言炮牺继天而王,为百王先,首德始于木,故为帝太昊。作罔罟以田渔,取牺牲,故天下号曰炮牺氏。《祭典》曰:"共工氏伯九域。"言虽有水德,在火木之间,其非序也。任知刑以强,故伯而不王。秦以水德,在周、汉木火之间。周人迁其行序,故《易》不载。

第二章
两汉

炎帝 《易》曰："炮牺氏没，神农氏作。"言共工伯而不王，虽有水德，非其序也。以火承木，故为炎帝。教民耕农，故天下号曰神农氏。

黄帝 《易》曰："神农氏没，黄帝氏作。"火生土，故为土德。与炎帝之后战于阪泉，遂王天下。始垂衣裳，有轩冕之服，故天下号曰轩辕氏。

少昊帝 《孝德》曰少昊曰清。清者，黄帝之子清阳也，是其子孙名挚立。土生金，故为金德，天下号曰金天氏。周迁其乐，故《易》不载，序于行。

颛顼帝 《春秋外传》曰："少昊之衰，九黎乱德，颛顼受之，乃命重黎。"苍林昌意之子也。金生水，故为水德。天下号曰高阳氏。周迁其乐，故《易》不载，序于行。

帝喾 《春秋外传》曰："颛顼之所建，帝喾受之。"清阳玄嚣之孙也。水生木，故为木德。天下号曰高辛氏。帝挚继之，不知世数。周迁其乐，故《易》不载。周人禘之。

唐帝 《帝系》曰："帝喾四妃，陈丰生帝尧，封于唐。"盖高辛氏衰，天下归之。木生火，故为火德，天下号曰陶唐氏。让天下于虞，使子朱处于丹渊为诸侯。即位七十载。

虞帝 《帝系》曰："颛顼生穷蝉，五世而生瞽叟，瞽叟生帝舜，处虞之妫汭，尧嬗以天下。"火生土，故为土德。天下号曰有虞氏。让天下于禹，使子商均为诸侯。即位五十载。

伯禹 《帝系》曰："颛顼五世而生鲧，鲧生禹，虞舜嬗以天下。"土生金，故为金德。天下号曰夏后氏。继世十七王，四百三十二岁。

马伯庸
笑翻中国简史

成汤 《书经·汤誓》:汤伐夏桀。金生水,故为水德。天下号曰商,后曰殷……

武王 《书经·牧誓》:武王伐商纣。水生木,故为木德。天下号曰周室……

——《三统历·世经》节选

当大儒撞见大儒

要说西汉末年的大儒，其实刘歆原本排不上第一号，在他上面，还有一个名气更响、德行更高，简直堪为万世儒生表率的人物，那就是太皇太后王政君的侄子，从大名鼎鼎的外戚王氏家族出来的王莽王巨君。

所谓"周公恐惧流言日，王莽谦恭下士时"，还没当上皇帝的王莽那可真是道德楷模，他好学，勤奋，节俭，谦虚，几乎集人类优良品德之大成。全天下的儒生，甚至包括大批中小地主，全都盼望着这位王大师能够掌权，琢磨着只要他一掌权，立刻就能风调雨顺，天

马伯庸
笑翻中国简史

下太平,皇帝也不昏庸了,朝廷也不混乱了,宦官也不弄权了,外戚也不胡闹了,地方官也不鱼肉百姓了,夏天热不死狗,冬天冻不死人。一句话,地上天堂就此建成。

王莽不仅和刘歆一样都是大儒,当年一起当过黄门侍郎,是同僚兼老友,而且他还有一个特点谁都比不上,那就是极度地崇古,认为古代(主要指西周以前)一切都好,现在一切都糟,要想搞好现在的朝局,一是得尊儒,二是得崇德,三是得复古。后来他篡了汉朝的权,建立新朝,立刻开始实施自己的理想,官名要改古的,度量衡要改古的,法制要改古的,连钱币都要改古的,恨不得穿越时空把整个新朝带回古代去算了。刘氏父子的新五德理论一直上追到伏羲,足够古董,王莽见了自然喜欢。

于是乎,一个积年老神棍和一个积年老幻想家一拍即合。

王莽算是赶上了好时代,本来他老王家做了多少年的外戚,好几代大家长都擅权胡为,名声已经臭大街了,他王莽的名声还得靠跟叔叔伯伯们划清界限来获得。可是接班王家上台的几伙儿外戚,包括丁家、傅家,还有一个靠自己和妹妹、老婆一起滚皇帝床单才得以上位的美男子董贤,那是一蟹不如一蟹,一个赛一个地遭到全社会的唾弃。于是元寿二年(公元前1年)六月,汉哀帝驾崩,太皇太后王政君立

第二章
两汉

刻抢走了玉玺，全面拨乱反正，早就被挂个空头衔赶出中央的王莽也就此卷土重来。

朝野上下是一片欢腾啊，而王莽也秉持着当年孔夫子诛杀少正卯的精神，再"温柔敦厚"都敦厚不到政敌头上，把丁、傅、董等人一通死命地踩。他越是踩，自己的声望就越高，声望越高，权力也就越稳固，于是次年就当上了安汉公，又四年当上了摄皇帝，也就是代理皇帝，又三年，正式篡位成功。

西汉终结，新朝就此建立。

我们前面说了，汉儒不是一个原教旨主义的儒家流派，他们说的很多话，信的很多事儿，老祖宗孔、孟是压根儿不提、根本不理的，那就是"谶纬"。儒家学说跟民间迷信结合在一起，根子是在老宗师董仲舒身上，说什么"天人合一"，汉元帝、汉成帝以后搞得越来越玄乎，终于到刘向、刘歆爷儿俩这里，开出了那朵绚丽的恶之花。王莽跟刘歆是同时代的人物，同为大儒，又是好友，他虽然没留下什么鸿篇巨制，或者语录，但咱们可以相信，他的看法和思想，跟刘歆也差不太多。

也就是说，王莽这人不但崇古，拼了命地想复古，而且也跟刘歆

马伯庸
笑翻中国简史

似的，迷信到了极点——咱们终究不能像孙猴子一样钻到别人肚子里去，不如公允点儿来说，王莽跟刘歆一样，都表现得迷信到了极点。总之，在王莽执政的时期，各种祥瑞、祥物是像雨后春笋一般层出不穷啊，西汉朝两百年官方承认的祥瑞，或许还没他称帝前几年来得多。所谓"上有所好，下必甚焉"，要是王莽根本不信这些花活儿，出第一个祥瑞就一棍子打死，肯定也就不会有第二、第三个了，全因为他的恣意甚至是热爱，各路闲人闹出的花样才会那么百花盛开。

比方说什么禾苗长了三丈长啊，一根麦上生三穗啊，不播种就自然生谷子啊，没有蚕却自然生出茧来啊，天降甘露啊，地生清泉啊，凤凰呼啦啦都飞了来，巴郡出现石牛啊，等等。千奇百怪，无所不有。

那么按照新旧五德学说，这些天降祥瑞不是保佑旧王朝太平无事，就是说明新王朝将要诞生。王莽作为执政者，认可这种种祥瑞，而不是怒斥其为妖言，明摆着不是为了大汉朝千秋万代，而是想要建成个新王朝。可是新王朝该怎么建成呢？王莽是位讲"仁义"的大儒，他才不搞什么暴力革命，他要搞和平演变，这也正好跟刘歆上承董仲舒的"五德相生"说法相吻合。刘歆的新理论对他这么有用，哪有不拼命利用的道理？

第二章
两汉

于是乎，元始五年（公元5年）冬季，前辉光谢嚣上奏说："我属下的武功县县长孟通在疏一口井的时候，偶然间挖出块白石头来，上圆下方，就好像是祭天的玉圭一样，石头上还刻着一行红字，写着'宣告安汉公王莽做皇帝'。"王莽要是没有野心，不想篡位，就应当立刻把这奏书给撕了，或者直接扔到谢嚣脸上，可是他没这么干，反而暗示大臣们把这件事禀报给太皇太后王政君。老太太当场就火了，说这是妖言惑众，不可相信，更不能执行。

王莽这第一次试探，就这么着碰了一鼻子灰。他也考虑到时机还不成熟，于是就让太保王舜糊弄那老太太："王莽哪儿会有别的心思啊，他只是想做摄政，加重自己的权柄而已。"老太太一时迷糊，竟然信了，于是下诏说："我仔细琢磨这'做皇帝'几个字，应该是指代行皇帝职权的意思。好吧，那就让安汉公仿效当年周公辅佐成王，名正言顺做个摄政吧。"

这要搁别的朝代，王莽就该称摄政王了，可是周公摄政年代久远，他当初是个什么名号谁都不清楚，再往后就没有类似例子了。所以王莽就老实不客气地自称"摄皇帝"，还顺便把年号都给改了，改成"居摄"——估计也就是因为有这个臭例子摆在前面，所以此后只出摄政王，再没有谁敢继承这种奇奇怪怪的"摄皇帝"的名头。

马伯庸
笑翻中国简史

摄皇帝当了整整三年，王莽再也忍不下去了，于是乎新一轮献祥瑞、祥物、符谶的热潮就此产生。首先是老刘家的大叛徒、广饶侯刘京上疏，说当年七月，齐郡临淄县亭长辛当，做过好几次相同的梦，都梦见有上天的使者来跟他说："摄皇帝要当真皇帝，要是你不相信我啊，那就看吧，在这个亭中，将会出现一口新井。"辛当早上起来一找，嘿，果然地上莫名其妙地冒出了口新井，而且足有百尺之深。

这事儿真是诡异到姥姥家了，你想啊，就算真有使者托梦，干吗不找朝廷重臣，却偏偏找一个小小的亭长呢？这亭长又不是当年的刘季……

接着，十一月，巴郡挖出只石牛来，扶风郡出了块怪石头，全都搬到长安，摆在未央宫门前。王莽就跟太保王舜等朝廷重臣一起去观瞧，正瞧着呢，突然间刮起了一阵大风，尘沙漫天，眯了大家的眼睛，而等到风停尘落以后，突然就凭空冒出什么"铜符帛图"来，上面写："这是上天宣告新皇帝诞生的符谶，献上的人应该封侯。要承接上天的旨意，执行神灵的命令。"

王莽把这两件奇奇怪怪的事情归拢到一块儿，上奏给太皇太后王政君，意思是："天命定了，侄儿我要做真皇帝，姑姑您就别再坚持了吧。"

第二章
两汉

这事儿一闹，全天下都明白王莽的心思了，于是最离奇的一幕终于出现。公元8年的十二月份，某天黄昏，突然不知道从哪儿冒出来一个超级胆儿肥的闲人，名叫哀章，他穿一身黄衣服，捧着一个铜盒子来到汉高祖刘邦的祭庙前面，把铜盒子交给了守庙的官员。官员把铜盒上交，王莽打开来一瞧，只见里面装着一份"天帝行玺金匮图"，还有一份"赤帝行玺某传予黄帝金策书"，全都写明了"王莽为真天子"，并且列出十一个人名，都附上相应的官爵，说应当做新天子的重要辅佐——当然啦，哀章本人的名字也堂而皇之地写在里面。

学术界一般都认定，这套花样不是王莽授意的，而是哀章别出心裁，为了当官儿自己伪造的符谶，他就此得偿所愿地把王莽扶上了皇帝宝座，自己也落着个国将、美新公的好头衔。不过我们注意一下，"赤帝行玺某传予黄帝金策书"这几个字，说明要求刘邦把刘家天下传给王莽的是"赤帝"，也即火德天帝，这是按照刘歆的理论，认定汉朝为火德。由此可以证明，王莽在执政以后，就基本上认可了刘歆的研究成果。

所以当王莽终于如愿以偿，玩儿了出传说中的"禅让"把戏，建立新朝以后，就立刻拜刘歆为国师，封嘉新公，把他的新五德学说确定为官方理论。王莽迫不及待地宣布，根据"五行相生"的真真正正

马伯庸
笑翻中国简史

的完美学说,汉皇室是帝尧的后裔,属火德,而他自己则是黄帝的后裔,属土德,火生土——"赤帝行玺某传予黄帝金策书"说得很明白呀,接受禅让的是土德天帝"黄帝"一系——因而新朝接替汉朝是最合情、合理、合法、合适、合衬、合身的。他还特意派了个名叫张邯的儒生去跟百官解释。

至今故宫收藏的一个新朝的大鼎上,还刻着一行大字:"黄帝初祖,德匝于虞,虞帝始祖,德匝于新……据土德,受正号即真。"

> 梓潼人哀章,学问长安,素无行,好为大言。见莽居摄,即作铜匮,为两检,署其一曰"天帝行玺金匮图",其一署曰"赤帝行玺某传予黄帝金策书"。某者,高皇帝名也。书言王莽为真天子,皇太后如天命。图书皆书莽大臣八人,又取令名王兴、王盛,章因自窜姓名,凡为十一人,皆署官爵,为辅佐。章闻齐井、石牛事下,即日昏时,衣黄衣,持匮至高庙,以付仆射。仆射以闻。戊辰,莽至高庙拜受金匮神嬗,御王冠,谒太后,还坐未央宫前殿,下书曰:"予以不德,托于皇初祖考黄帝之后,皇始祖考虞帝之苗裔,而太皇太后之末属。皇天上帝隆显大佑,成命统序,符契图文,金匮策书,神明诏告,属予以天下兆民。赤帝汉氏高皇帝之灵,承天命,传国金策之书,予甚祗畏,敢不钦受!以戊辰直定,御王冠,即真天子位,定有天下之号

第二章
两汉

曰'新'。其改正朔，易服色，变牺牲，殊徽帜，异器制。以十二月朔癸酉为建国元年正月之朔，以鸡鸣为时。服色配德上黄，牺牲应正用白，使节之旄幡皆纯黄，其署曰'新使五威节'，以承皇天上帝威命也。"

——《汉书·王莽传》节选

始明火德

咱们说到这里,不得不提的是,在这个"汉应火德"跟王莽之间,还有过两起学术悬案。

前面说了,刘向、刘歆父子俩最喜欢新造理论,而当理论跟古籍相冲突的时候,他们就毫不脸红地借着职务之便篡改古籍,自己写了东西却说是古人所作。比如《庄子·内篇》,就有学者怀疑是刘向所伪造;康南海老圣人那本《新学伪经考》里所说的"伪经",就是指刘向父子篡改的古籍;顾颉刚先生也专门考证过这个问题,并且指出刘歆正是为了给王莽篡位创造理论基础,所以才硬生生编造出"汉应火

第二章
两汉

德"和那一大串世系德表来。

但这也不是确论,钱穆和其他一些历史学者就力辩并无此事。理由之一,"五行相生"是自董仲舒老宗师就开始的说法(当然,还有人说,就连董老宗师的《三代改制质文》,后来都被刘歆塞了不少冒牌货进去),不是那爷儿俩首创。理由之二,时间上合不拢,刘歆负责管理典籍的时间有限,很难把所有古书都伪造一遍,退一万步说,当时经书流传天下,光他一个人瞎改,也根本没什么用处。第三,王莽自吹是黄帝之后,这都是没族谱可循的,全是他自己瞎编,反正都是无本生意,他大可以宣称自己是夏禹的后裔,承木德,克汉朝的土德,这样计算起来更方便,连伪造古籍的功夫都省了。这两种观点在民国时期曾经爆发过相当激烈的论战,至今仍旧是谁都没法说服谁。

这一出"刘歆伪造"的悬案,连带着还引发了另外一起悬案,这一次连司马迁他老人家也给扯进来了。咱们还记得本书开头那个刘季斩白蛇起义的故事吧?顾颉刚先生就认为这不是《史记》原文,而是刘歆为了证明汉朝属火德,特意新插进去的——司马迁是无辜的。对于这一说法,钱穆先生又有不同看法,他认为"赤帝子"什么的只是秦末汉初对五种颜色五方天帝崇拜的表现,跟五德压根儿就没关系,所以这故事确实是刘邦以后、司马迁之前就流传着的,也确实是司马

马伯庸
笑翻中国简史

迁给写进《史记》里去的。于是乎,"斩白蛇"的悬案一直传到了今天,也还没有定论。

顺便讲个故事。汉代有一本书叫作《论语撰考谶》,伪托古人写的,里面讲的是孔大圣人的出身来历。话说孔子他爹叔梁纥跟孔子他妈颜徵在爬尼丘山去祈祷的时候,颜女士突然感应到了黑帝之精,回来就生了孔丘,所以这孔子嘛,当然就是黑帝的后裔了。本来孔子是有帝王之相的,只可惜他生不逢时,生在了周朝末期,周是木德,接替周的应该是火德,而孔子是黑帝的便宜儿子,是水德,因而没办法只能当"素王"(指没有君主头衔的真命天子)了,拿言情小说里的话来解释就是"有缘无分"。

——这本书是不是刘歆伪造的,没人知道,不过它至少是照抄了刘歆新编的五德世系表(周是木德),也就是说,所遵循的奇幻设定是刘歆大国师的而不是骆老教授的,所以成书必然晚于西汉后期。

话再拉回到这位大新朝的国师爷刘歆本人身上。且说刘歆这位老先生虽然聪明绝顶,但是有时候也挺缺心眼儿的。一般来说,贩毒的自己都不吸毒,跳大神的自己都不迷信,可这位专好制造谶纬的国师爷自己,却真的相信谶纬这回事儿!

第二章
两汉

汉哀帝建平元年（公元前6年），也不知道为什么，民间开始流传起了一则谶谣："刘秀发兵捕不道，卯金修德为天子。"刘歆听说以后大喜，赶紧找借口把自己的名字改成刘秀，美滋滋地以为今后有机会坐上皇帝的位子了。可惜刘歆不知道，恰恰就在他改名后第二年，一个也叫刘秀的小孩子在济阳那地方出生了。

这位真刘秀长大以后，有一次，一个名叫蔡少公的朋友当他面提起这则谶言，说是不是应在当今国师爷身上呢？刘秀微微一笑，说："你咋知道一定不是在讲我呢？"

而那位国师爷、嘉新公假刘秀真刘歆，从此就老存着应谶谣、当皇帝的念头，终于被人撺掇着造了王莽的反。想当年周武王想造商纣王反的时候就先算卦，刘国师跟王莽一样复古，也先算卦。周武王算卦不吉，有姜太公踩碎乌龟壳来推他一把，刘国师身边没这样的猛人，结果先算出说只有在东方才能成事，临出兵了又说等太白金星出现咱再走，结果拖拖拉拉地贻误了战机，轻摇慢步地走上了死路。

章太炎曾经评价说："孔子以后的最大人物是刘歆。"顾颉刚先生也称赞刘歆是"学术界的大伟人"，可是这位大伟人就因为深受封建迷信毒害而死，想起来也真是可怜——然而可怜之人，亦必有可恨之处。

刘歆虽然死了，但是他的学说不灭。本来"汉应火德"的说法只

马伯庸
笑翻中国简史

是在学术界流传，西汉皇室从来就没有正式承认过，但等到王莽拿着它做了篡位的借口以后，这种"新五德学说"反倒名震天下，搞得尽人皆知——要不然当年哀章也不会伪造"赤帝行玺某传予黄帝金策书"了。

虽说王莽的名声响彻天下，可是绝大多数官僚、百姓都只是想让他帮着搞好汉朝而已，推着他做到"摄皇帝"算顶天了吧——这名号可是前无古人，后无来者，就连周公摄政都没落到类似头衔。谁料想王莽当完摄皇帝还想当真皇帝，当了真皇帝以后就开始胡乱改革，结果闹得天下大乱。于是当时普天下民众的心理可以归纳为：王莽反对的咱都要支持，王莽灭掉的咱都要光复。

所以，王莽以"土德"篡掉的，本来是不为西汉官方承认的"火德"，可是老百姓反倒因此认准了汉朝非得是火德不可。

在王莽倒行逆施的复古政策下，土德的新朝只延续了短短的15年，到了公元23年，更始帝刘玄率领着汉军浩浩荡荡杀进长安城，王莽身首异处。可是那些所谓的汉军，前身不过是绿林军而已，绝大多数成员都是大老粗，没规矩没秩序，乱哄哄地穿着各种奇装异服就冲进了城，甚至还有把抢来的女人衣服裹在自己身上的。只有其中一员将领，

第二章
两汉

他的部下一水的汉朝官服、兵服，长安老百姓瞧着直掉眼泪啊："想不到咱有生之年，还能再看到汉官的威仪哪！"这位将领是谁呢？原来就是那个来自济阳的真刘秀。

刘秀穿着汉朝官服，不用说，一定是黄马甲啦，终西汉一朝，不管刘歆冉怎么鼓吹，火德也没能被官方承认，服装尚黄就没有改变过。可是如前所述，等到王莽篡位，再到王莽倒台，"汉应火德"却深入人心了，刘秀也不好跟舆论拧着干，所以黄马甲穿了没有几天，他就脱下来了，改穿红衣裳。

想当年刘向父子大编祥瑞，大造谶纬，并不是他们家族特有的恶趣味在作怪，而是当时社会上从皇帝到官员到百姓，普遍就好这个，就信这个。所以刘秀也不能免俗，等他自己打天下的时候，就也开始大编怪异舆论。比方说，当刘秀打下河北以后，从前在长安跟他住同一间大学男生宿舍、睡上下铺的儒生强华就马上献了一篇《赤伏符》，上面写道："刘秀发兵捕不道，四夷云集龙斗野，四七之际火为主。"符名为"赤"，符言里又说"火为主"，无论这谶纬是强华自己主动编造的，还是刘秀指使他编造的，总之，都等于承认了汉朝是火德。

等到刘秀开国登基，光武中兴，抛弃了旧都长安，把都城改在了洛阳——洛阳在长安东边儿，所以史称东汉。有闲人就提出来了，说

马伯庸
笑翻中国简史

这个洛阳的"洛"字带水字边儿，跟咱的火德相冲，不吉利。于是刘秀大笔一挥，去掉"水"字，又在右边添了"隹"字，给改成了"雒阳"。接下来，"立郊兆于城南，始正火德，色尚赤"。从此以后，"汉应火德"终于为官方所承认——不过不是西汉官方，而是东汉官方——汉人从此不穿黑保安服也不穿黄马甲了，清一色改穿了龙虾袍。

后来班固编史书写到这段儿，觉得这个"土德变火德"不大好解释。他比较滑头，在《汉书》里照抄刘邦当年那个斩白蛇称"赤帝子"的故事，以此来证明汉朝确实是火德。

这以后，终于尘埃落定，汉朝（其实是东汉朝）就是火德啦，并且因此产生了两个专用称谓，一个叫"炎汉"，一个叫"炎刘"，得到官方和民间的一致认同。从前的水德和土德，反倒再没有人提起了。

第三章

魏晋南北朝

马伯庸笑翻中国简史

生也不行，克也不行

东汉朝正了火德，大家都改穿龙虾袍，也就是所谓的"尚赤"。"尚"是什么意思呢？尚的意思就是崇尚、尊重，说明全社会最尊崇这种颜色。咱们要知道，是先有了德，然后才有相应的"尚色"，换句话说，在驺老教授提出"五德终始说"之前，根本就没有这一套花样。古书上说商朝是金德，服装、旗帜尚白，那都是蒙人的——考古发掘倒是挖出很多商朝的人偶来，大多穿着白衣裳，没办法，那时候印染水平极不过关，素色衣服最多，想不尚都不可能。

等到秦始皇正式采纳五德学说，下诏说咱是水德王朝，这种"尚

马伯庸

笑翻中国简史

色"才不再停留在纸面上、理论上，而是正式得到了应用。可是秦朝尚黑，并不是说秦人都只能穿黑衣服，打黑旗子，兵马俑刚挖出来还没褪色的时候就花花绿绿的，几乎啥颜色都有。尚黑一般情况下是指皇帝、官员们的朝服和祭服，必须以黑色为主色调，军旗也以黑色为最高级，献给上天的祭祀品也得是黑的，比如黑牛、黑马、黑羊啥的。

西汉初年的各种礼仪制度都很粗疏——不粗不行啊，跟着刘邦打天下的功臣们大多是大老粗，像张良、陈平那样有学问的挑不出几个来，叔孙通制定新式朝礼的时候，刘邦就提醒过他："做简单一点儿，要不然大臣们搞不懂。"所以就没有明确尚色，大臣们上朝也是各穿各的，只要别奇装异服，别袒胸露背就得。直到汉武帝定下土德，官员们才统一着装，以赭黄色为主色调。到了东汉呢？文武官员的常服尤其是祭祀服，就变成以赭红为主色调了——没办法，当时印染技术仍然不过关，大红色的衣服又贵又容易掉色，就连官员们也未必人人穿得起。

而五德学说，也从东汉开始演变成了两套算法。一套是驺老教授从黄帝起算的"五行相胜"法，一套是由董仲舒老宗师开头，最终由刘向、刘歆爷儿俩完善的从伏羲起算的"五行相生"法。有趣的是，新学说

第三章
魏晋南北朝

并没有彻底打倒旧学说，这两套五德系统并行不悖，全都流传到后世。虽然"五行相生"法后来居上，逐渐演变成主流，历代王朝大多采用这种算法，但万一不管用呢？扯不圆呢？说不通呢？这时候"五行相胜"的旧法儿就能派上用场了。

比方说吧，公元144年，也就是东汉顺帝驾崩的那一年，九江郡一个叫马勉的阴陵人发动叛乱，宣布自己是土德，尚黄色，火生土，所以汉朝要灭在他手里，于是自称"黄帝"——这是按"五行相生"的算法来玩儿的。后来这位"黄帝"被朝廷镇压，入土为安，真成了"土帝"。就在同一年，九江郡又出了一个叫华孟的，在历阳起义，有了马勉前车之鉴，证明五行相生的说法不灵光，于是他改弦易辙，宣布说水能克火，老子我就是"黑帝"——这是按"五行相胜"的算法来玩儿的。可惜天不佑德，王师反攻，最后堂堂"黑帝"也落得个凄惨下场。估计这两位九泉下相见，一定会相拥着抱头痛哭吧，生也不行，克也不行，想搞个德性真是太难了呀！

到了东汉末年，张角兄弟率领黄巾军起义，他们的理论基础是道士于吉所写的《太平经》，又称《太平清领书》，经书里称汉为火德之君，而黄巾军自称拜的是中黄太乙神，承的是土德，打的旗号是"黄天当立"——这一节常看三国的朋友们都熟悉吧。继续可惜，这一次土德

马伯庸
笑翻中国简史

还是没能"德"起来,可见就算是"哈德"之人,也未必真的能"德"(得)国。

前面说的这几次起义,只是"德性"大爆发的先兆而已。黄巾之乱以后,紧接着历史迈入了华丽丽的汉末三国时代。曹操一代枭雄,不是傻子,他虽然挟天子以令诸侯,却不谋朝篡位当那个出头鸟,也就不着急为德性的事儿上火;刘备那时候还拖着关张二人满世界流窜,也顾不上德;孙权年纪还小。真正第一个吃螃蟹的家伙却是袁家老二——袁术袁公路。

熟读三国的朋友们都知道这位袁老二心比天高,却没什么能耐,仗着自己是高干子弟就胡作非为,还脑筋一昏,琢磨着当皇帝。西汉末年出现过一句著名的谶语,叫作:"代汉者,当涂高。"这句谶语最早被割据四川的公孙述拿来给自己当虎皮,理由是"涂高"为上古大舜的姓,舜为黄帝子孙,而黄帝又姓公孙……可惜公孙述碰上了"火为主"的刘秀,很快就无悬念地挂掉了。

袁老二想起这一段往事,觉得很有宣传价值,就紧追公孙述的足迹,说我们老袁家是春秋时代陈国大夫辕涛涂的后代,应了这个"涂"字,而辕涛涂是大舜的后裔,舜是土德,那我袁家也是土德,根据五行相生,

第三章
魏晋南北朝

恰好取代汉朝的火德。

于是在建安二年（公元197年），袁术就高高兴兴地在寿春称了帝。那时候他表面上的领地是很广袤的，几乎整个江东都在他的治下，按他的想法，四分天下我有其一了，我不称帝谁称帝啊？谁料想称帝诏书才刚一发，孙策立刻跟他划清界限，江东，没了！不仅仅是孙策，他身边的文武倒还勉强跟着，分派镇守各地的将领却全都不认他，于是心比天高的袁老二终于命比纸薄，末了连碗蜂蜜水都喝不上就挂掉了。

这位先生不当皇帝则罢，一当皇帝就遭万人唾骂，到最后也没落着好，类似遭遇的在他前面有个王莽，在他后面有个袁世凯，可以鼎足而三，竞争"最没事儿找事儿、倒霉催的称帝运动"。有人就说了，他之所以栽这么大一个跟头，是因为不学无术。为什么呢？原来之前曾有人问过周舒，周舒就说那段谶言指的是魏，但没说明理由。后来蜀汉出了位著名的"乌鸦嘴"谯周，他年轻时曾就周舒关于这段谶言的看法而向杜琼询问，杜琼解释说"当涂高"当然是代表魏啦。理由何在？因为"魏"指的是宫门外两旁的建筑物，称为魏阙，涂字是通假字，通的是途，也就是路，所以"当涂"就是指在道路当中，而在道路当中的高大建筑自然就只有魏阙了。这样看起来的话，袁老二根

马伯庸
笑翻中国简史

本就是冒名顶替偷了曹操的月票坐公车,他焉能不败?

袁家老二死了,还有个袁家老大。袁绍袁本初比他弟弟有能耐,知名度高,人缘也好,实力也强,于是乎,他不免也动了称帝的心思。在攻破易京,捏掉公孙瓒以后,袁绍是志得意满,傲气横生,于是他手底下有个叫耿苞的主簿瞧着有门儿,就悄悄递话说现在汉朝的火德已经不行啦,将军您是黄帝之后,享土德,正是取而代之的大好时机。

这个耿苞倒真是用心良苦,他知道要是说袁家是大舜之后,就等于把袁老大降到袁老二的档次去了,所以干脆再提高几代,从黄帝起算。袁老大自己听着挺高兴,不过他比弟弟多了个心眼儿,先把这事儿亮出来给幕僚们商议。也不知道幕僚们都是大汉朝的忠臣呢,还是认为时机未到,众口一词地怒骂耿苞大逆不道,该砍一万次头。袁老大没敢吱声,回头就把耿苞给砍了,以证明自己没这心思。

可是他真没这心思吗?本来这哥儿俩为了争袁家的嫡长子闹得是水火不容,老大联合曹操、刘表打老二,老二联合公孙瓒、陶谦打老大,不像亲兄弟,倒像是宿世的冤家。可是等到老二玩儿不转了,声称将要拿着自己的玉玺去献给老大,老大立刻就原谅了兄弟向来的所作所为,热烈欢迎。好在曹操那时候正"挟天子以令诸侯"呢,谁都

第三章
魏晋南北朝

盼着汉朝垮台,就他不盼着,赶紧派刘备去堵截,才终于做掉袁老二,也没让袁老大得着好。

拉回来说,雄踞河北的袁绍尚且这般"犹抱琵琶半遮面",别家诸侯就算起了同样的歹念,也都不大好意思明说出来,大家只敢要里子当"土皇帝",不敢也要面子当真皇帝。连年战乱,一直到了三方鼎立局势稳定下来,曹丕篡了汉,这德性之说才重新浮出水面。

土魏和火蜀

关于"当涂高"指代"魏"字的事儿,史书上也并没有说清楚,当杜琼给谯周解释这一点的时候,袁术、袁绍究竟挂了没有,曹丕有没有篡汉。倘若曹丕已经篡汉,建立了魏朝,那这两位就是马后炮,一点儿技术含量都没有。倘若曹丕还没有篡汉呢?建安十八年(公元213年),汉献帝封曹操做"魏公",从冀州划出十个郡来给他建立魏国,三年以后,曹操又晋爵魏王——"挟天子以令诸侯"的曹丞相是当时全天下最强横的势力,十个人里有八个相信魏国会代汉而兴,那两位的解释、预言仍然在情理之中,一点儿也不神秘。

第三章
魏晋南北朝

汉献帝大概没听说过这则"当涂高"的谶谣，否则他不会封曹操当魏公、魏王。不过话又说回来，当时曹操的大本营在邺城，属于战国时代的魏国境内，当时的上一级行政区划也叫魏郡，所以就算汉献帝封曹操什么宋公、赵王，预言家们仍然可以事后解释，说这个"魏"不是指国名，而是指地名。再说了，曹操大权在握，他要是明说"魏"这个字眼儿漂亮，老夫我就要了，你汉献帝敢不给加封吗？

倘若那两位解释、预言的时候，是在曹操还没有占据河北，把大本营迁到邺城之前呢？一样说得通，因为那时候雄踞邺城的乃是袁家老大袁绍，"官渡之战"前，袁绍是稳稳当当的天下第一大势力，若说"魏"地的袁绍将代汉而兴，十个人里面也仍然有五个信，二博一，阴阳家、方士们这点儿赌性还是有的。

所以说，所谓符谶、谶谣，究竟是些什么玩意儿？那就是含含糊糊、似是而非的顺口溜或者不顺口溜，解它得靠蒙。你要真信了还蒙不对，那就是学问不到家，八成落个袁术的下场，要是谁侥幸蒙对了，大家转回头来就会说"还真是灵验啊"，然后崇拜这个会猜题的家伙学问高深，鬼神莫测。

当初在汉桓帝的时候，据说有人在楚、宋之间见到了黄星，辽东

马伯庸
笑翻中国简史

还有一个叫殷馗的家伙预言道:"五十年后,在梁、沛地区要出一位大英雄。"到了汉灵帝的时候,据说又有人在谯地见到一条黄龙,太史令单飏说这地方将要出帝王啊。这不禁让我们想起当年的公孙臣来,从阴阳家到儒生,诈术经历了这么多年,还是没有丝毫的进化,一点儿新花样都欠奉。

这些真实性无可考证的祥瑞黄来黄去的,作为曹丕篡位用的理论基础,算是足够用了,更何况还有"代汉者,当涂高"作为坚实的理论基础呢。

黄色代表土德,有这么多黄色的谶纬出现在曹氏的老家,用意不言自明。而且,曹丕选的是五行相生派的说法,而不是称自己是克掉火德的水德,理由很简单,因为汉家的天下是"禅让"给曹丕的。据说在禅让的时候,有多只黄鸟叼着红色的文书聚集到了尚书台,不用问了,这一定是"上天"降下来的征兆,红火生了黄土呀。于是曹丕登基以后,立刻就宣布改元"黄初"——你瞧,咱连年号都是黄的!

唯一讨厌的是,那袁家两兄弟一个把持了舜帝,一个占有了黄帝,曹魏自然不能跟他们同出一处,必须另选一个新祖宗。从古籍里查考,能和老曹家拉得上关系的只有颛顼,但颛顼按照刘歆大国师的系统是属于水德,按照驺老教授的系统则压根儿没他什么事儿,这就和曹魏

第三章
魏晋南北朝

大力宣传的土德不符合。怎么办？没辙，曹丕只能狼狈地解释说我们就是颛顼的后人嘛……什么，你说他是水德？对啊，但颛顼和舜的祖先还是一样的嘛，所以我们承的还是舜的土德啦……这种反复绕圈子的解释当真是牵强附会，一看就是走投无路之下硬憋出来的理由。不过也罢，反正就是个虚而又虚的形式嘛，也没什么大不了的。

咱们前文说过，当初光武帝刘秀为了讨个吉利，曾经把"洛阳"的水字边去掉，给改成了"雒阳"。如今汉家亡了，曹魏兴了，就有闲人上疏说按照五行学说，"土，水之牡也"，水衬着土才能流动起来，土得到水才能变得柔软……最后总结说这水啊，对土德是有好处的。这一通玄之又玄的物理课把曹丕给侃了个晕头转向，不过他这么一琢磨，反正土克水，不吃亏，于是就下令把"雒阳"给改回来，"隹"字去掉，"水"字放回去，仍然叫洛阳——这可太体贴了，雒字比洛字难写多了，咱们今天不用再写"雒阳"了。

曹魏是土德就这么定了，本来没有悬念，可谁想到了魏明帝曹叡上台以后，这小家伙不知道吃错了什么药，老吵着咱曹魏新建王朝要改正朔。群臣心想这一改正朔，那就得改服色啊，咱们大魏的黄马甲挺漂亮，随便乱改会遭人嘲笑的，就纷纷上疏表示反对。曹叡小朋友却是个驴脾气，三番五次地闹，非改不可。

马伯庸
笑翻中国简史

好在大臣里有个叫高堂隆的上了道奏章，先顺着皇帝的毛捋了捋，把他稳住，接着跟司马懿等人想出一个折中的办法来，那就是搬出董仲舒老宗师的"三统说"，说曹魏是地统，地统尚白，可以按照这个来改正朔，以十二月为正月，祭天的时候用白色的牲口，但服色还是按五行的黄色来吧。于是在群臣连哄带劝之下，曹魏总算是仍从黄色土德——小孩子真难伺候。

打这儿起，又开了一个奇怪的头儿，就是尚色光尚服装了，此后历朝历代，祭天、祭祖用的牲口，却往往未必跟服装尚同一色。

三国三国，说了曹魏，那还有另外两国呢？

刘备建立蜀汉，根据《三国志》的记载，这位大耳招风、双手过膝跟类人猿一般的皇帝，打小上天就有预示，说他将来必定大富大贵。当时刘备住在涿郡，家里很穷，可是屋子东南角上长着一棵大桑树，远远望过去，就跟马车上的遮阳伞似的。那时候可不是人人都打得起遮阳伞，只有皇帝和高官的车上才有，所以当时就有个叫李定的人放话，说："这家必然要出贵人。"

所谓的"贵人"，未必是指皇帝，可是小刘备自己先有了雄心壮志，在跟小孩子们玩游戏的时候，就指着大桑树说："我将来一定会乘坐这

第三章
魏晋南北朝

种'羽葆盖车'。"所谓"羽葆",就是皇帝专用的用鸟毛装饰的伞盖——还好只是个小孩子,大人骂两句"别胡说,给咱家惹祸"就算了,这要是成年人说的,再遭人揭发,估计直接就被逮捕法办了。

桑树是木,上天若真以此为预兆,那就是说刘备得要建立一个木德的国家呀。可是且慢,蜀汉号称是汉朝的正统,不是新国家,只是旧王朝暂且退到西边儿去待两年而已,皇帝刘备放话了:"咱们迟早还是要杀回中原去的嘛。"因而理所当然,仍然得是火德。

南朝刘宋时候,有一个叫刘敬叔的人在《异苑》里提到过这么一档事儿:"蜀郡临邛县有火井……桓灵之际,火势渐微;诸葛孔明一窥而更盛。"白话来说,临邛有一口盛产天然气的火井,汉桓帝、汉灵帝的时候逐渐烧得不如从前了,等到诸葛亮到四川去瞧了一眼,嘿,这火就重新旺盛起来。这故事的喻义很明确,就是说大汉朝本来到了桓帝、灵帝离完蛋很近啦,幸亏有诸葛丞相在四川撑着局面,才使得汉火重光,又多烧了好几十年。

搞笑的是,当刘备在成都称帝的时候,也有人跑来汇报说,曾经在武阳的赤水看见过一条黄龙,待了九天才走。且不说这是曹魏玩剩下的桥段,单从颜色来说也跟汉德不合。不过很多蜀汉文人都引经据典地解释,说《孝经援神契》曾有言:"德至水泉,则黄龙见者,君之

马伯庸
笑翻中国简史

象也。"加上《易经》里又说"飞龙在天",所以老大您当皇帝是完全符合天意的。就这么着,他们轻轻跳开那浑蛋的"黄"字,避实就虚单说可爱的"龙"字,打着降龙十八掌就给蒙混过去了。

魏文帝以汉延康元年十一月受禅,给事中博士苏林、董巴上表曰:"魏之氏族,出自颛顼,与舜同祖。舜以土德承尧之火,今魏亦以土德承汉之火。于行运合于尧舜授受之次。遂改延康元年为黄初元年。议改正朔、易服色、殊徽号、承土行,十二月幸洛阳,以夏数得天,故即用夏正,而服色尚黄。又诏以汉火行也,火忌水,故"洛"去"水"而加"隹";魏于行次为土,土,水之壮也,水得土而乃流,土得水而柔,故除"隹"加"水",变"雒"为"洛"。

明帝景初元年春正月壬辰,山茌县言黄龙见于是。有司奏,以为魏得地统,宜以建丑之月为正。三月,定历改年,为孟夏四月。初,文皇帝即位,以受禅于汉,因循汉正朔弗改。帝在东宫著论,以为五帝三王礼不相袭,正朔自宜改变,以明受命之运,及即位,优游者久之。史官复著言宜改,乃诏三公、特进、九卿、中郎将、大夫、博士、议郎、千石、六百石博议。议者或不同。帝据古典,甲子诏曰:夫太极运三辰,五星于上,元气转三统,五行于下,登降周旋,终则又始,故仲尼作《春秋》,三微之月,每月称王,以明三正,迭相为首。今推三统之次,魏得地统,当以建丑之月为正月。考之《洪范》,厥义章矣。其改青龙五年三月为景初元年四月。服色尚黄,牺牲用白,

第三章
魏晋南北朝

戎事乘黑首白马，建太赤之旗，朝会建大白之旗，改太和历曰景初历。其春夏秋冬，孟仲季月，虽与正岁不同，至于郊祀、迎气、礿祀、蒸尝、巡狩、搜田，分至启闭，班宣时令，中气早晚，敬授民事，皆以正岁斗建为历数之序。初，高堂隆以为改正朔、易服色、殊徽号、异器械，自古帝王所以神明其政，变民耳目。故三春称王，明三统也。于是敷演旧章，奏而改焉。帝从其议，改青龙五年春三月为景初元年孟夏四月，服色尚黄，牺牲用白，从地正也。

——《册府元龟·帝王部·运历》节选

庚子岁,青盖入洛阳

三分鼎足,蜀汉不玩新花样,至于东吴,开国皇帝孙权更没什么创意,完全照搬了曹魏的剧本儿。公元222年,他还当着吴王呢,就先不搭理"正统"王朝了——刘备刚来打过他,曹丕事后想趁火打劫,全都铩羽而归——直接改年号,定为"黄武",带了个"黄"字,同时还宣扬在鄱阳发现了一条黄龙。

我在这里提到"正统",这个词儿据说来源于儒家经典的《春秋》,意思是以宗周为"正",合天下为一"统"。这个词跟五德循环逐渐地也扯上了密切的联系,因为不管是骃家旧学派,还是刘家新学派,都

第三章
魏晋南北朝

认为只有正统王朝才能论德,不正统的(后世遂有"偏统""窃统"之类的说法)就没有资格。那么三国鼎立,谁是正统呢?后来有人说曹魏是正统,也有人说蜀汉是正统,总之,这个帽子从来就没戴到过东吴头上。

当然啦,那都是后来的历史学家个人的观点,而在当时,孙权认为自己就是正统,孙家班的人们也必须得认定自己的正统——难道你们两家都正统,就我是偏的,那这人旗还怎么扛啊!

孙权还称着吴王的时候,照理说不管怎么论,正统都排不到他头上,他自己也不大好意思觍着脸自封,一直等到黄武七年(公元228年)年底,这位老兄坐不住了,终于正式称帝。于是乎,立刻就有人声称在夏口又见着一条黄龙——也不知道那时候是满天飞黄龙呢,还是同一条黄龙全天下到处溜达——因此,这一年就是"黄龙"元年。孙权连年号都懒得想了,直接这么黄来黄去的,不用问了,东吴当然跟曹魏一样,也是土德啦。你瞧这多简单啊,彻底拿来主义,可以完全照抄别人的理论,你曹丕受了禅让是"火生土",我待在江东自己当皇帝,照样"火生土",究竟谁"土"得对呢?放马过来,咱先打过再说。

不得不承认,老孙家对于祥瑞的执着精神是非常值得赞叹的,孙

马伯庸
笑翻中国简史

权几次改年号,全都有天晓得怎么就冒出来的祥瑞、祥物支撑着。比如公元231年,会稽郡汇报说境内出现了"嘉禾"——所谓嘉禾,就是生长得很茁壮或者很"诡异"的禾苗,古人认为是丰收的吉兆——于是次年就改元"嘉禾"。公元238年八月,武昌又上奏说发现了麒麟,相关部门建议碰上这种祥瑞就应该改年号。孙权表示:"不久前,有大群红色的乌鸦汇集在殿前,是朕亲眼所见,倘若神灵认为该降吉兆,那么朕以为年号应该改为'赤乌'。"群臣立刻大拍马屁道:"当年周武王讨伐商纣,就出现过红色乌鸦的吉兆,君臣们全都见着了,于是夺取了天下。陛下您真是圣明啊!"于是当年就改元"赤乌"。

明明自称土德,这回又玩起"赤乌"来了,土不该是黄色的吗?赤可是火的颜色,对不上怎么办?孙权倒不坚持,下诏说既然上天给了预兆,咱不如改德吧。那么改成火德吗?不行,汉朝就是火德,哪有继承汉朝的吴朝继续属火德的道理?那不是和当初刘邦犯一样的毛病嘛。好在刘歆早就有预案在那儿摆着——周武王也见过赤乌,按照驺老教授的理论,周就是火德,可是按照刘歆的新理论,周却是木德——孙权一琢磨,木在东方,我大吴也在东方,而且木克土,证明我迟早要灭掉土德的曹魏,嗯,很靠谱,也很解气,就这么定了。

第三章
魏晋南北朝

所以曹魏是土德，蜀汉是火德，一直不变，孙吴却一家占了两个德。

说是三分天下，但曹魏的疆域要比孙、刘两家加起来都辽阔（包括西域长史府），基本上可以说天下六分，曹魏占三分，孙吴占两分，蜀汉占一分。可要是论起种种并不靠谱的祥瑞、祥物和谶纬来，曹魏和蜀汉加在一起，拍马都追不上孙吴。为什么呢？其实也很简单，因为曹魏从曹叡以后，很快就司马家权臣当政，他们要搞也是搞对司马家有利的花样，而不会去照应曹家；蜀汉呢？刘备死后是诸葛亮执政，然后是诸葛亮的弟子蒋琬、费祎等人，小说里"状诸葛之多智而近妖"，但历史上的诸葛亮并不喜欢搞迷信，当然更不会妖法，他的弟子们除了费祎略微有点儿不靠谱外，也基本上没玩过什么花活儿。

费祎怎么不靠谱呢？原来他当大将军的时候，为了准备北伐，长年待在汉中，难得回一趟成都，偶尔回来一趟，却听一个算命的说什么"成都没有大将军的位置"，于是掉头又回去了——最终他就遭人刺杀，死在了汉中。我怀疑那算命的其实是想说："成都没有大将军起坟的位置……"

拉回来再说东吴，东吴除了个孙亮外，包括孙权、孙休和孙皓，那都是把着实权的，他们当然会想尽办法利用迷信活动给自己脸上增

马伯庸
笑翻中国简史

光添彩。再说了,曹魏接受了汉帝的禅让,蜀汉自称继承了炎汉的事业,都有拿得出手的正统理由,只有孙吴政权多少有点儿名不正、言不顺,要不搞点儿花样来凝聚一下人心,恐怕队伍就不好带了。

所以孙家搞迷信,从孙权开始,一直搞到末代君主孙皓,而这位孙皓玩花活儿比孙权更奔放,奔放到让后人读起相关事迹来,真不知道是该笑还是该哭。咱们前面说了,孙权经常一撞见祥瑞就要改年号,孙皓也是一样,他继位的第二年就有传言说蒋陵这地方天降甘露,于是改年号为"甘露"。

这时候,突然有一个没留下名字的"望气者"跳了出来,跟孙皓说:"我最近观瞧天上,不大对呀,为什么荆州地界冒出了重重的'王气'来,压过了扬州呢?"孙皓一琢磨,现在的首都在建业,属于扬州,扬州的王气竟然被荆州给压倒了,那还了得?于是立刻下诏,迁都武昌(属于荆州)。他同时派人挖掘那些地处荆州,且和山脉相连的各大臣、名门的坟墓,以免那所谓的"王气"落到这些家族头上。

说来也巧,孙皓前脚才离开扬州,永安县就起了叛乱,山贼施但劫持了孙皓的兄弟孙谦,一直杀到建业边上。孙皓闻讯,急忙从荆州派兵前去镇压,然后他恍然大悟:"这不就是荆州的王气压倒了扬州吗?"于是派了好几百人,吹吹打打地进入建业,就在城里把施但的

第三章
魏晋南北朝

妻子儿女都给砍了头，还宣布道："天子派荆州兵来破扬州贼！"以为这么一来，那"望气者"的预言就应验了，以后就太平无事了。

既然太平无事，孙皓也就可以回来了。甘露二年（公元266年），武昌挖出了一口宝鼎，于是改元"宝鼎"，随即回都建业。宝鼎后面的年号是建衡，建衡三年（公元271年），因为据说有大群凤凰（真的不是野鸡吗）聚集在皇家花园里，于是次年就改元"凤凰"。凤凰三年（公元274年），吴郡上报，说是挖到了一块方方正正的银子，长一尺，宽三分，上面刻有年月日，于是次年就改元"天册"。

天册二年（公元276年）七月，吴郡（怎么又是吴郡）上奏，说郡内的临平湖在东汉末年堵住，如今已经挖通了，当地老人曾说："此湖塞，天下乱；此湖开，天下平。"并且还在湖边挖到了一个石头盒子，里面有块青白色的小石头，长四寸，宽两寸，上面刻有皇帝字样。于是当月就改元"天玺"。

天玺元年（公元276年）八月，鄱阳郡上奏，说在历阳山发现由石头的天然纹路组成的文字，瞧着像是："楚九州渚，吴九州都，扬州士，作天子，四世治，太平始。"孙皓一琢磨，楚就是荆州，是我治下土地，吴就是扬州，我的都城在这里，老爷我生在扬州，当然是"扬州士"啦，从大帝孙权、会稽王孙亮、景帝孙休到老爷我，正好四代，看起来这

马伯庸
笑翻中国简史

是上天的预兆，表明我这一代将要统一天下，做真真正正的天子啦！再加上吴兴郡也报告说在阳羡山发现长十多丈的一块空心大石头，名为石室，是空前的祥瑞，于是孙皓就打算封禅阳羡山（古来天子都封禅泰山，他倒真能别出心裁，不过也没办法，泰山那是西晋的地盘儿，不归他管），计划明年改元"天纪"。

咱们还是那句话——"上有所好，下必效焉"。正因为皇帝信祥瑞，所以下面的官僚也就紧着给献祥物，反正那些东西都不难伪造，那时候也没有碳十四之类的技术来给鉴定。然而最倒霉的是，孙皓这家伙不仅仅是利用迷信来给自己脸上增光而已，他还真的信了。比如，他在宫里养了一大群巫师，其中有一个就空口白话地预言道："庚子岁，青盖当入洛阳。"孙皓听了是大喜啊，这不正说明我要领兵杀进洛阳城，取得天下了吗？

巫师说这话的时候是哪一年？乃是建衡三年（公元271年），根据天干地支纪年法，是辛卯年，距离着庚子年还有九年。九年时间说长不长，说短不短，孙皓心说我这就该准备动兵啦，谁都不能保证一场战役就能灭了晋朝、打破洛阳城不是吗？要是万一慢了一步，九年以后没能成功，要再等六十年才是下一轮庚子年，我早挂啦，这真命天子之位只能留给儿孙来当，那多郁闷！

第三章
魏晋南北朝

　　孙皓可压根儿没想自己的实力如何,有没有可能打败晋军,先别说杀进洛阳城了,能不能在中原站住脚跟都成问题。于是他大起三军北伐,结果跑半道儿上才发现天气冷了,忘了给士兵准备冬衣,结果大批吴兵冻死、冻伤,还有的干脆倒戈一击,降了晋了。这样子还打什么仗啊?孙皓被迫灰溜溜地返回了建业。

　　打那儿以后,估摸着他干脆就把这预言给忘了,要么真打算再等六十年,把好机会让给儿孙。可你还别说,那巫师顺口一胡诌,倒真给说准了——要不然这则预言也不会被堂而皇之地记载在史书上,流传到今天。建衡三年之后的第九年,正是"庚子岁",按公历是公元280年,那一年西晋派发六路大军,汹涌南下,很快就杀到建业城下,孙皓没有办法,只好脱光膀子,让手下人把自己反绑起来,又抬上了棺材,打开城门去投降。随即受降的晋将王濬就把他装上马车,给押送到洛阳去了。

　　庚子岁,孙皓的"青盖"果然入了洛阳,只是他的身份不是征服者,而是阶下囚。

白坑破

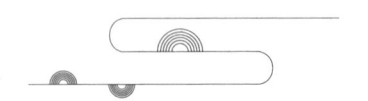

合久必分,分久必合,终于到了三分归晋的时候,那么司马家又该是什么德呢?

按照刘歆的新五德理论,魏是土德,接受曹魏禅让的司马晋就应该是金德,尚白色,因为土生金嘛。然而事情并没有那么简单,就在晋武帝泰始二年(公元266年)的时候,一群老头子官僚上疏,说咱大晋是受了魏禅,应该学舜帝接受尧帝禅让的传统,继承前代的土德和黄马甲。请注意,按照旧的"五德终始说",尧舜算一朝,都是土德,可是按照刘歆新五德学说,唐尧是火德,虞舜则是土德,根

第三章
魏晋南北朝

本没有继承——这分明是旧学派对新学派的反攻倒算嘛。

看起来司马炎对于德性的说法不是很在意，咱只要有德就行，是什么德关系不大，既然老先生们都这么说了，那就这么定吧。可谁想如此一来却掀起了轩然大波，新学派的闲人们纷纷上疏驳斥，尤其以写过《魏氏春秋》《魏氏春秋异同》和《晋阳秋》的人史学家孙盛态度最激烈，孙盛直接扛出"天道"来说事儿，说你们这么搞是有违天道啊，咱们大晋代魏而兴，就应该是金德代了土德。大帽子一扣，老先生们只好认，司马炎也就"从善若流"，从此大家伙儿都穿白衣服——倒是比做黄马甲省工。

德性之说一旦兴起，自然就会有"哈德"的人献祥瑞之类的来配合论点，这一次也不例外。据说魏明帝时期有人在张掖的删丹县金山柳谷里面发现了一块大白石头，上面写着："上上三天王述大会，讨大曹金但取之金立中大金马一匹中正大吉开寿此马甲寅述水。"一共三十五个大字，字是都认得，但要有人能够读通才叫见了鬼了。魏明帝也读不通，但他横看竖看，一眼发现了"讨大曹"三个字，心里极不痛快，干脆派人把那讨厌的"讨"字里的一点敲掉，变成个"计"字。等到司马炎受了曹魏的禅让以后，一个叫程猗的人提起这茬儿，跟司马炎说："这石头上有个'大'字，乃是极为兴盛的意思；有个'金'字，正是我晋朝的德性;还有个'中'字,意思就是正赶上交会的时机;还有个'吉'字,当然就是吉利的意思。这石头分明就是暗示陛下您开创大晋王朝乃是顺应天意,上上大吉呀!"

好嘛,他倒省事儿,也不通读也不通解,光拣了四个吉祥字儿来说,剩下那些就装没看见。

细心的朋友也许要问了,这个金德跟"事实"有矛盾啊。蜀汉是火德,火非但不生金,反而是克金的,怎么会是三国归晋,而不是晋归了蜀汉呢?这个嘛,好解释,因为伐蜀的不是晋,而是魏。虽然那时候司马氏早就把持了朝政,但名义上还是曹魏的天下,皇帝还是曹奂,所以灭蜀从五德来看,恰好是"火生土";而到了伐吴的时候,曹魏土德已败,司马氏已经得了天下,承了金德,"金克木",所以晋军伐起东吴来也就无往而不利了。五德之说确实是虚妄,但你只要用心,总能够找到理由——咱虽然不是大儒,照样能给说圆了。

关于晋朝的德性,还有一则有趣的故事。且说建兴年间,晋愍帝司马邺在位,江南地区突然流传开了一首童谣:"訇如白坑破,合集持作甀。扬州破换败,吴兴覆瓿甄。"这里所说的"坑",不是土坑、泥坑,而是指一种陶制容器,它的口是用金属镏起来的,所以属"金",白坑

第三章
魏晋南北朝

白坑，又是"白"颜色，所以据说就是指"金德尚白"的西晋司马氏。童谣的基本意思是说，"訇"的一声，这个"白坑"（也就是西晋司马家）要完蛋啦，大家只好把碎片拼起来做个甄（一种有盖的酒器），在扬州重新使用，在吴兴（属于扬州）这个地方，用来盖着瓿甄（小瓶子）。

果然到了建兴四年（公元316年），匈奴大将刘曜攻陷长安，司马邺投降，西晋灭亡——"白坑破"；随即宗室、琅玡王司马睿在扬州建立起了偏安一隅的东晋王朝——"破换败"。

从来谶谣这种花活儿，最常见的一个种类就是童谣。一方面，这小孩子什么都不懂啊，有心人编个合辙押韵、朗朗上口的瞎话，最容易教会小孩子，小孩子既然搞不懂内容，也就会无所畏惧地到处传唱，你根本找不到源头。另一方面，理由还是小孩子什么都不懂，所以大人们都认为从小孩子嘴里说出来的某些话是真正代表了天意。咱们就以这首"白坑破"的童谣来说吧，五言四句，还押韵，确实很上口，小孩子肯定喜欢到处念叨。

更重要的是，这首童谣神神道道，似是而非，在刘曜杀进长安之前，就算有人猜到"白坑破"是指西晋灭亡，也猜不到"扬州""吴兴"会发生什么事儿。而要把已经发生了的事情往语焉不详的谶谣上附会，脑袋会转弯的人，谁都能干，也就是谎圆得靠谱不靠谱而已。

马伯庸
笑翻中国简史

君不见,直到今天还有很多人在伪造和解释《推背图》之类的怪书,说唐朝人就已经预见日寇侵华了。

西晋亡了,接下来的历史,麻烦可就大了,以往虽然五德说法很多,旧派、新派互相攻讦,可基本上都是一朝一代交替着来,还算勉强有个谱儿。可从西晋灭亡开始,这谱子就彻底乱了套,因为"五胡乱华"开启了史称东晋十六国和南北朝的大分裂时期。那时候南北对立,诸国蜂起,华夏大乱,大家人手一"德",互相生又互相克,真是混乱到姥姥家了。

"五胡乱华"最直接的结果,就是灭亡了西晋,把司马氏和中原大族赶去了长江以南。在中原折腾的少数民族兄弟们先后宣称自己是继承了西晋的正统,该按着五德继续排行;而在江南的东晋以及随后的宋、齐、梁、陈四朝则认为自己才是华夏正根儿,最有资格参与五德循环,北边那些少数民族都是僭越,是伪朝。结果五德学说的链条到这里就一分为二,形成一南一北两条分支,双方谁也不服谁,倒也煞是热闹。

且让咱们先从北边儿说起吧。

三家抢水德

东晋十六国，北边儿第一位玩德性的，乃是汉皇帝——大单于刘渊。

怎么皇帝还加单于的号呢？原来这位刘渊不是汉人，而是匈奴贵族，他老爹名叫刘豹，是南匈奴的左贤王，刘姓是当初汉朝给的赐姓。公元304年，西晋这儿正轰轰烈烈地"八王之乱"呢，刘渊就以帮助其中一王——成都王司马颖——夺取政权为名起兵，自称大单于。单于是匈奴首领之号，本来搁中原就等同于皇帝，但自从匈奴被汉军打残，部分西迁、部分内附以后，单于就降格成中原王朝的藩王了，而既然是藩王，总得立个国号吧。

马伯庸
笑翻中国简史

立什么国号才好呢？刘渊一琢磨，汉、匈两家打高祖刘邦开始就时不时地和亲哪，有不少汉室公主都嫁到北方来做匈奴单于的阏氏，一代代传到今天，估计大多数匈奴贵族的血管里都掺了汉血了。再加上我是根红苗正的匈奴王族，我又姓刘，那肯定得算是汉室宗亲哪。于是他就拿着八竿子都打不着的亲戚说事儿，宣布国号为汉，而他自己，匈奴称号是大单于，中原称号就是汉王。

汉王刘渊就这么着掺和进了"八王之乱"，可是没过多久，他名义上的主子司马颖就挂掉了。刘渊立刻把脸一翻，不再承认西晋的中央政权，而公开竖起了反旗，说是咱要复兴大汉天下，就跟外甥要给舅舅报仇一样。刘渊登基称帝，还很有幽默感地追尊蜀汉那位后主刘禅为孝怀皇帝，立汉高祖以下三祖五宗的神主，摆明了要继承蜀汉的火德。只可惜他终究出身少数民族，政权核心层全是匈奴人，脑袋上大单于的帽子也舍不得摘掉，于是这复兴汉室的口号就彻底变成了个冷笑话，根本没人搭理。

其后刘渊驾崩，其子刘聪继位，派堂哥刘曜攻破长安城，拿下了晋愍帝司马邺，灭了西晋。不久后刘聪也挂了，其子刘粲被大将靳准所杀，刘曜就趁机在司空呼延晏等人的拥戴下自称皇帝，然后发兵灭掉了靳准。呼延晏提醒刘曜道："晋朝是金德，咱们取代了晋朝，按照

第三章
魏晋南北朝

五德相生的说法，金生水，应该是水德。可汉本来是火德，对应不起来。不如把国号改成赵吧，赵氏出自天水，正应和了水德。"

刘曜闻言连连点头，他想到自己叔叔、堂弟白打了那么多年汉家旗号，可是中原士人不说箪食壶浆来迎王师吧，反倒是抵抗的抵抗，逃跑的逃跑，可见这谎撒得太大，压根儿蒙不了人。算了，咱不装了，什么复兴不复兴的，咱这是初兴，是新王朝，才不是什么前代王朝的延续。于是刘曜下诏，改国号为赵，定为水德，水德尚黑，所以服色、旗帜，全都改成黑的。当然啦，他顺道就抛弃了刘邦等伪造的祖宗，正式尊奉跟刘邦同一时期的匈奴大单于冒顿为祖。

刘曜定德性为水德，这没什么，可是改国号为赵，这事儿干得就有点儿太轻率了。为什么呢？因为"赵"这个字已经有人用啦，而且还就是他手底下人。且说刘渊曾经亲手提拔起来一员大将，名叫石勒，是羯族人，多年征战，名声很响，兵力雄厚。刘曜打靳准的时候，也写信让石勒出兵，为此封了他一个赵公的爵号。你说古往今来，哪有王朝和王朝属下藩王用同一个名字的道理呢？

当然啦，皇帝想要的字眼儿，臣子就该双手奉上，刘曜当了赵皇帝，给石勒换个封号也就得了。可是刘曜压根没理会这茬儿，等石勒派人

马伯庸
笑翻中国简史

去献上靳准首级求奖赏的时候，他干脆加封石勒当赵王，给的礼仪待遇，就跟当年曹操辅佐汉献帝的时候一模一样。你说学谁不好，去学汉献帝，下场注定了不会美妙。果然，没多久两人就闹崩了，石勒撇着嘴发狠话道："什么赵王、赵帝，我自己去拿，哪儿用得着你封！"于是自称大将军、大单于、赵王。

就这么着，北方同时出现了两个打着"赵"字旗号的政权，为了加以区分，史称刘曜的赵为"前赵"，石勒的赵为"后赵"。

在"二赵"混战的时候，发生了这么一档子事儿。茌平的县令师欢打到一只黑兔，献给了石勒。石勒身边一个叫程遐的马屁精立刻开始颂圣，说这兔子是黑色的，黑乃水德之象，预示着您将取代晋朝的金德而兴。石勒听了特别高兴，立刻宣布改元"太和"，以纪念此事。

公元328年，石勒在战场上大获全胜，俘虏了刘曜，第二年又俘虏前赵太子刘熙，正式灭亡前赵。刘曜还想石勒做曹操呢，结果石勒是曹操、曹丕爷儿俩二合一，用大赵天王玩儿了个过渡以后，直接就登上了皇帝宝座。到这时候，石勒又突然想起了黑兔这件事儿，恰好侍中任播也上疏说："那个刘曜的'赵'来路不正，不该算在五德之内。我们'石赵'才该是继承了晋朝正统的水德哪。"两件事联系到一起，于是后赵就也应了水德，尚黑——这跟当年刘邦指汉为水德，张苍立

第三章
魏晋南北朝

马附议的故事真是同出一脉的师兄弟。

后赵日子并不长久，摊上一个超级变态的石虎为君，很快就陷入宫廷斗争之中，先被冉闵把石氏皇族杀得七七八八，然后末代皇帝石祗起兵讨伐不成，被自己的部将害死，水德的后赵就此完蛋。这个时候，黄河流域并立着三家主要势力，一是冉闵开创的冉魏，二是氐族苻氏，三是鲜卑族慕容氏。四川本来在刘渊时期还有一个李特、李雄的成汉政权，不过他们没"德"过什么东西，后来被东晋权臣桓温给灭了，不提也罢。

公元352年，鲜卑将领慕容恪灭掉了冉魏，燕主慕容儁觉得自己太了不起了，于是称帝，建立燕国，史称前燕。

既然称帝，就得找找自己的德性是什么。别看前燕自家是鲜卑族政权，可还真瞧不起其他少数民族，很多大臣都觉得这前赵、后赵的都是少数民族，不能算在五德循环之内。当年张苍把秦朝踢开，让汉朝直接克了周的德性，定为水德，后来刘歆也把秦朝踢开，让汉朝直接从周的德性里生出来，定为火德，前燕大臣们也打算如法炮制。于是他们研究来研究去，最后决定让前燕直接继承晋朝的正统，晋为金德，那么前燕该是水德——转了一圈，还是抄袭前、后赵那一套，这怎么能服人呢？反对的声音是一浪更比一浪高。

马伯庸
笑翻中国简史

读书人啰啰唆唆的，而且都很顽固，商量了很长时间也没个准谱。慕容儁本人学问不高，搞不明白，于是就从龙城召来了一个明白人韩恒拿主意。韩恒字景山，博览经书，也算是当时的大儒了，他老实不客气地就推翻了水德，说："前、后两家赵国占据中原，那不是他们力量强大，而是上天所授予的。上天授予他们德性，如今咱们却人为地加以剥夺，肯定不合适。我琢磨着吧，咱们大燕是在东方发迹的，按八卦来说就是震卦的方位，而四象是东青龙、西白虎、南朱雀、北玄武，所以震方又是青龙——正巧，咱大燕正位后不久，就有青龙出现在都城。青色乃是木德之色，所以大燕该是木德。"

其他人一琢磨，觉得他说得也有道理，而且后赵是水德，五行相生水生木，燕即木德也不吃亏。最初慕容儁不太乐意，大概是嫌这个木德不如水德好听，后来群臣纷纷表示赞同，慕容儁知道自己水平不高，不好跟那票学问人拧着来，也就只好下诏公告。从此前燕就确定下来是木德了，尚青色。

——大家伙儿终于跳出争抢水德的这个怪圈了。

链子断掉了

五德学说从秦代到前燕为止——不管是中原汉人政权，还是内迁的少数民族政权——一直都被各家皇室所迷信，虽然其间颇有种种争议产生，但从汉至前燕（秦朝可悲地被抛弃了），五德循环，贯彻始终，都有本可据，有案可查。可是接下去的前秦，这一条链子却意外地中断了。前秦定过德性吗？究竟是什么德？没人真能搞得清楚。

这个前秦本是氐族建立的政权，开国君主名叫苻洪，刘曜改国号为赵以后，封他做了氐王，石勒灭前赵，苻洪就名义上归顺了石勒。公元349年，暴君石虎驾崩，后赵大乱，苻洪干脆脱离后赵管辖，自

马伯庸
笑翻中国简史

称大都督、大将军、大单于、三秦王。苻洪死后，苻健继位，趁着冉闵正杀石家人呢，苻健领兵攻进了长安城，自称天王、大单于，建号大秦——史称前秦。

苻健以后，完蛋，帝位落到了他儿子苻生手里，若论贪残暴虐，这家伙跟石虎有的一拼，可是论文韬武略，这家伙却比二把刀的石虎都要差出十里地去，前秦要是让他治理到死，结果不会比后赵强太多。好在苻生欺负人欺负得实在太过分，连老实人都看不下去了，他的堂弟苻坚悍然发动宫廷政变，取了他的狗命，自己登上天王宝座。

本来风雨飘摇的前秦，苻坚一上台就瞬间改观，这位"大秦天王"对内修政安民，对外整军经武，短短数年间就灭掉了前燕、前凉、代国，几乎统一北方，一时间极有霸王气象。按说这时候的前秦，比前面几个短命王朝势力都强，疆域都广，而且苻天王有学问，兴儒学，早就该有人站出来商量德性归属了，可是偏就这么怪，有关前秦的德性，任何史书上都没有提到过，苻坚本人貌似也从来没有表过态。

有一种说法认为，苻坚并不迷信，所以他对这类学说是持反对态度的，在他执政期间，老庄之学、谶纬之学，都被严令禁止，所以"五德"自然也在禁止之列。不过这种说法并不正确，因为苻坚虽然禁那

第三章
魏晋南北朝

些玩意儿，但这是出于宰相王猛的授意，他本人未必有那么明智。

王猛字景略，本来是个汉族穷书生，说有本事吧，他是真有本事，说没地位吧，他也真没地位。公元354年那时候，中原是乱成了一锅粥，东晋权臣桓温趁机领兵北伐，屡败前秦军（此时苻坚的伯父苻健在位），一直杀到灞上，逼近了长安。王猛就跑去拜见桓温，据说他一边抓身上的虱子一边纵论天下大势，那么牛气冲天的桓温竟然听入了迷，没有嫌他脏。可是等到桓温邀请王猛跟自己南下的时候，王猛却不干了，他心说你要能在中原站稳脚跟，我当然可以辅佐你，可你要是回了南边儿去，南边儿都是豪门世家当权，我一个贫寒的穷书生根本出不了头，去干吗啊？

所以王猛就留在了北边儿，后来辅佐苻坚，苻坚一会儿把他称作是自己的诸葛亮，一会儿又夸他是子产、管仲一类的贤人，那真是信任得不得了。后来王猛做到前秦朝的宰相，总揽朝纲，有个叫樊世的氐族元老看不过眼，就骂他道："我们跟着先帝出生入死，都不能参与机要，你没有尺寸之功，有什么资格管理朝政？难道说我们种好了庄稼，你倒跑来收粮食吗？"王猛冷笑一声，回复道："不光是你种我收，我还要你们做熟了米饭端到我手上来呢。"气得樊世当场将袖子就要揍王

马伯庸
笑翻中国简史

猛,结果苻坚听说了这件事,反倒找个借口把樊世给宰了。

苻坚信任王猛,王猛倒也不负所托,前秦的快速崛起,功劳有一大半都要归之于王猛,而且王猛还在公元370年领兵攻入邺城,灭掉了前燕——他不但能治国,还能打仗。

话题扯远了,且说王猛活着的时候,苻坚基本上对他是言听计从,所以说,王猛不喜欢五德之类的迷信,苻坚当然也就不会搞——可这并不代表苻坚骨子里没有迷信和迷糊的素质。

举例来说,新平人王雕有一次给苻坚献了符谶,王猛说这小子妖言惑众,砍了吧,苻坚一向是王猛说啥他就做啥,所以当即下旨,处死王雕。可是王雕临刑前上了一篇文章,在文章里引经据典一通神侃,把苻坚给侃晕乎了,但碍于王猛在旁边,苻坚也不好再说什么。结果等王猛一死,苻坚就立刻追授王雕为光禄大夫了。后来苻坚临死前,姚苌问他要玉玺,他瞪着眼睛怒骂道:"你一个小羌崽子也敢逼我,你算什么东西!根本连一点图纬符命的凭据都没有,还想要玉玺登基?"说明他内心还是信这套的。

还有一种说法,是前秦应为木德,因为苻氏最早的时候是姓蒲,后来苻洪听过一句谶言"草付应王",恰好他孙子苻坚背后还生着胎记,

第三章
魏晋南北朝

瞧上去正像"草付"二字，于是改姓为苻。草属木，那么由此推之，前秦该算是木德。这个说法得到了后秦开国君主姚苌的支持，所以他杀了苻坚抢了玉玺以后，就自说自话说自己以火德取代了木德。

还有第三种说法，出自北魏，说前秦继承前燕正统，以木生火，应该是火德才对——可是当时北方各国并立，前燕怎么就正统了呢？没有人知道。

这三种说法要么是没有靠谱的史料支持，要么是跟新旧两种五德循环的理论都不符合，而苻坚本人又不可能从坟里爬出来做说明，所以直到今天还是一笔糊涂账。以我个人的看法，有可能苻坚确实信那些谶纬之说，但是倚为左膀右臂的王猛拦着不让搞，于是他也就没推算五德之类的花样，而以他对王猛的信任程度，就算后者死了，这一政策应该也不会轻易更改。等到淝水之战以后，前秦崩溃，苻坚也根本没时间玩五德游戏了，所以当时压根儿就没有官方认定的德性。

链子到这儿肯定是断掉了，要接也是后人硬给接上的。

打酱油的也有德性

前秦统一黄河流域，速度太快了，很多地方势力还来不及消化，再加上苻坚也是个心比天高的家伙，心想你们这些少数民族光知道杀来杀去的，本天王可是个要继承中国正统的文化人儿，所以他决定，一个敌人都不杀，要以德服人，要达成百族共荣的新局面。

苻坚的想法是挺高尚，然而理想很丰满，现实很骨感。公元383年，他打算亲自领兵去讨伐东晋，大臣们纷纷劝阻，说东晋有长江天险，易守难攻。苻坚冷笑一声道："我有百万大军，一人扔一条马鞭，就足以把长江给填平了，有啥可怕的？！"百万当然是夸张啦，可是按照史

第三章
魏晋南北朝

书上的记载，调集全国兵马，也有空前的九十来万，要说这九十来万人一拥而上，就算扔马鞭填不平长江，堆尸体也能够造成浮桥了。

可问题是九十万大军没能一起拥上前线，这边儿苻坚领兵已经跟晋军接上仗了，那边儿后军还没离开长安呢。这样打仗，就是彻底的大笑话，人数再多也无济于事，再加上第一能打仗的王猛早就死了，第二能打仗的苻融（苻坚的弟弟）竟然一个不小心马倒被杀，结果在淝水边上，晋军八万人就把苻坚打得狼狈逃窜。

吃一个败仗是小事儿，可是这么一来，原本笼罩在"大秦天王"头上那战无不胜的光辉就彻底消散了，于是全国各地的苍蝇、跳蚤啥的全都冒出头来，跟推多米诺骨牌一样，前秦瞬间崩盘。要是以此推论，前秦倒有点儿像是火德，碰到淝"水"，这火立刻就给浇熄了——当年刘秀把洛阳改名雒阳，看起来还是有点儿道理的，地名和王朝之间可能真有生克。

且说苻坚在淝水惨败以后，各族野心家纷纷崛起，中原大地立时就冒出了无数割据势力，个头儿比较大的有后秦、西燕、后燕，后来又冒出来胡夏、北燕、南燕、后凉、北凉、南凉、西秦等一大票国家。

先说后秦，国主姚苌是个羌人，他是在苻坚登基前不久，因为战

马伯庸
笑翻中国简史

败而归降的,所以说,他对前秦有国仇家恨,但对苻坚本人不该有什么私怨。可是苻坚前脚在淝水战败,他后脚就竖起了反旗,自称"万年秦王"。公元385年,西燕军攻破长安,苻坚出逃,路上被姚家军逮着了,姚苌立刻露出狰狞嘴脸,开口就索要玉玺。

前面说了,苻坚是破口大骂,还说道:"五胡按次序也轮不到你们小小的羌族,玉玺我已经派人送到晋国去了,你绝对拿不着啦!"姚苌说:"您都落到这般田地了,还嘴硬哪?好吧,玉玺我不要了,您下道诏书,禅位给我,如何?"苻坚继续硬挺,说道:"禅让和国统轮替,那是圣贤才能做的事情,你这个叛贼,怎敢自比古代的尧舜!"姚苌恼羞成怒,干脆把苻坚给勒死了。

姚苌为了掩饰自己的罪行,还特意给苻坚上了个谥号,叫"壮烈天王"——天可怜见的,他倒是不想"壮烈"呢,是你硬要逼他"壮烈"的呀。

不久之后,姚苌打败西燕军,攻入长安城,于是正式称帝,国号仍然叫"秦",史称后秦。咱们已经说过了,他自说自话地说自家是火德,以继承苻氏前秦的木德,至于前秦究竟是不是木德,对姚苌来说,这事儿真的重要吗?

至于后燕、西燕,史书上也没有提他们的德性,但想来他们都自

第三章
魏晋南北朝

称是前燕的继承者，所以应该接着耍"木德"。其他几个小国都是路人甲、路人乙，打酱油的角色，他们究竟是什么德，就不必提了。不过有一国不能不说，那就是胡夏国。

胡夏国的创始人名叫赫连勃勃，是匈奴人，他本是后秦的将领，后来戳杆子自己闹起了独立。赫连勃勃长得挺有气度，可他所做的事情却跟野蛮人差不太多。据说赫连勃勃修建首都统万城的时候，要求城墙坚固，每修一段城墙就派兵拿着长矛去捅，捅得进去就杀建筑工人，捅不进去就杀去捅的士兵，反正总得死一个，比现在很多施工队的老板还黑。其他的残暴事迹，包括站在城头上看谁不顺眼当场斩杀之类，更是不胜枚举。总而言之，在十六国时期的暴君里面，赫连勃勃稳稳能排进前三名。

可是让人晕菜的是，就这么一野蛮人，却大摇大摆地自称是中原正统。什么正统呢？匈奴贵族大多跟刘渊一样被汉朝赐了刘姓，赫连勃勃原本就叫刘勃勃，后来才恢复了旧姓赫连。不过，刘渊冒充汉室宗亲已经露了馅儿，这条路再也走不通了嘛。赫连勃勃这个头大呀，也不知道是哪个闲人帮他翻书，终于在《史记》里找到一句话："匈奴，其先祖夏后氏之苗裔也。"马上跑去禀报。赫连勃勃大喜过望，立刻宣称，

马伯庸
笑翻中国简史

没错,老子就是大禹之后,夏朝的正根儿,所以咱的国号还该叫"夏"。

按照刘歆的新五德学说,这个后来被称为"胡夏"的政权跟前面的夏朝一样,都定德性为金德,也要在华夏正朔的五德循环里占那么一席之地。

胡夏凤翔六年(公元418年)十月,赫连勃勃击败了刘义真统率的东晋军,攻陷长安城。他得意之余,就在统万城的南边儿刻石颂德,石碑上写道:"我皇祖大禹以至圣之姿……网漏殷氏,用使金晖绝于中天……于赫灵祚……金精南迈……"大致意思就是说:老子是大禹后裔,自从殷商以来金德就始终混得不太好,一直到我,这才算是金德复兴了云云。

可是金德怎么就能复兴呢?他上面接的究竟是哪种德性呢?是生是克呢?具体赫连勃勃怎么推演的已经不可考了,我估计可能是因为他跟后秦之间颇有渊源——后秦属木德,按五行相胜系统的算法,金克木,这就对得上榫了。唯一的问题是,后秦是人家东晋灭的……算了,我干吗要给他找理由算正统?反正他这个金德来路不明,事实上也没几个人承认。

胡夏国只有短短的二十五年就完蛋了,而且疆域最广的时候也不过才占据了今天陕西、宁夏两个地方,再加甘肃和内蒙古的一部分,

第三章
魏晋南北朝

在浩瀚的历史长河中，也纯粹就一打酱油的——连打酱油的都有德性，真是哪儿说理去……

就这么着，十六国（事实上不止十六个，这只是习惯性叫法）旋起旋灭，在中原地区闹腾了很久，最后终于被鲜卑族的北魏统一，北方这才算暂时稳定下来。北魏跟那些短命小王国不同，算是个拥有半个中国并长达一百来年的大朝代，它是什么德性容后再说，咱们还是先回过头来讲讲南边的邪乎事儿吧。

> 坚至五将山，姚苌遣将军吴忠围之。坚众奔散，独侍御十数人而已。神色自若，坐而待之，召宰人进食。俄而忠至，执坚以归新平，幽之于别室。苌求传国玺于坚曰："苌次膺符历，可以为惠。"坚瞋目叱之曰："小羌乃敢干逼天子，岂以传国玺授汝羌也，图纬符命，何所依据？五胡次序，无汝羌名。违天不祥，其能久乎！玺已送晋，不可得也。"苌又遣尹纬说坚，求为尧舜禅代之事。坚责纬曰："禅代者，圣贤之事。姚苌叛贼，奈何拟之古人！"坚既不许苌以禅代，骂而求死，苌乃缢坚于新平佛寺中，时年四十八。
>
> ——《晋书·苻坚载记》节选

德性和"亲情"

西晋灭亡以后，南方的形势就要比北边儿简单清楚多了。且说当西晋末代皇帝司马邺被刘曜拿下的时候，正巧皇室里有个叫司马睿的家伙在长江以南的建业待着。早先"八王之乱"造成"永嘉南渡"，大群的中原士人逃到长江以南去避难，人心惶惶，群龙无首，大家伙儿瞧着司马家也剩不下什么好枣儿了，于是就矬子里拔将军，拥戴司马睿登基，延续皇统——史称东晋，司马睿就是晋元帝。

东晋的局势比起西晋来，貌似要稳定多了，长江横在那里就是天然的马其诺防线，只要北方五胡诸国里没出古德里安或曼施坦因，这

第三章
魏晋南北朝

个偏安江南的朝廷就能一直平安无事，混吃等死。虽然东晋也组织过几次北伐，可都被少数民族兄弟们给敲了回来，于是只好乖乖地趴在江南养活那一大窝名士。北方诸国中只有苻坚认认真真地以灭国为目的南征了一回，可惜淝水之战客场惨败，让东晋躲过了这一场大劫。这件事经常被江南名士拿来吹牛，说咱家才是正统，瞧见淝水的大胜了吗？有老天爷保佑着哪。

所谓东晋、西晋，其实是后世学历史的人为了考研划重点方便而硬给分开的，当时人家江南可是坚定地认为只有一个晋朝，甚至可以说，只有一个中国，北方那些少数民族怎能代表中国呢？既然只有一个晋朝，那德性自然就无须改动，于是东晋也是金德——同时期的北边儿，什么水德、木德、火德、金德掐得正欢实，东晋从来置身局外，冷眼旁观，嗤以之鼻，最多从牙缝儿里蹦出三个字："哼，伪朝！"

东晋对外战争不多，基本上防御有可能打赢，出击就是作死，跟当年的东吴一样。所以权贵们的主要精力全都用在敛财、嗑药或者内斗上了。想那大名鼎鼎的桓温倒是搞过一次勉强还算成功的北伐，王猛屁颠屁颠地跑去献计，留下一段"扪虱谈天下"的佳话，可最终王猛还是跑去跟苻坚了。为什么呢？因为王猛瞧出来了，桓温根本就没有收复中原的决心，他是琢磨着在前线打几个胜仗好提高自己的威望，

马伯庸
笑翻中国简史

然后回去篡位哪。

有桓温这种想法的家伙并不算少,可是最终成功的只有(也只能有)一个,那就是刘裕。

刘裕,小名叫寄奴,这人是个不世出的军事天才,在东晋服役的那些年里屡建奇功,最远曾经打下过长安城,后来又被"金德"小太阳赫连勃勃给撵出去了。这个人的身世很有意思,据他自己吹嘘说是西汉楚元王刘交之后——如果这个谱系万一是真的话,他倒是跟刘向、刘歆爷儿俩还有亲戚关系呢。小时候,刘裕也是靠卖草鞋为生的,后来才投了军,跟当年那位大耳招风的汉室宗亲际遇也颇为相似。

公元420年,这时候北魏正处于上升期,但还没能统一北方,刘裕琢磨着自己名望差不多高了,实力差不多强了,就逼迫晋恭帝禅让,自己建国称帝。按说他跟汉朝皇室那么有缘分,想篡位就该继续打"复兴汉室"的数百年老旗号才对呀。不过刘裕是个聪明人,他知道那时候距离汉朝灭亡时间太久了,汉朝的老刘家已经没什么号召力了,更何况有刘渊的前车之鉴在,算了,咱还是别装了,换个国号吧。刘裕篡位前曾经被东晋封为宋公、宋王,顺理成章,新王朝的国号就是宋。

既然换了国号,那么德性自然也得要换。按照五行相生法,金生水,

第三章
魏晋南北朝

刘宋就应该是水德，尚黑。《宋书·祥瑞志》里记载了这么一档事儿，说在东晋义熙十一年（公元415年）的时候，都城建康的西明门忽然塌陷，闹了一场不大不小的水灾。这当然不是豆腐渣工程的错，西方属金，西明门就是指金象之门，被水给毁了，恰好就是金德衰而水德旺的迹象。所以咱们读《宋书》，经常可以看到皇帝老儿戴着黑介帻（一种长耳朵的裹发头巾）晃来晃去，那就是服色尚黑的缘故。

说句题外话，历朝历代的服装不停地演变，黑介帻变化到后来，就成了大家耳熟能详的"乌纱帽"。

刘宋王朝存在了近六十年，后被大将萧道成推翻，建立齐朝，史称南齐。这个南齐的德性，用脚指头都能猜得出来，萧字是草字头，属木，再加上水生木，所以齐朝就应了木德了，服装、旗帜、牺牲都尚青。

相关于此的祥瑞预兆还是一如既往地玄之又玄。据说萧道成十七岁那年，曾经梦见过一条青龙追着西边儿的落日飞翔，有方士解释说那落日就是刘宋啊，而这青龙，自然就代表了他萧道成。实在有点儿太假了，他要真十七岁的时候去跟方士打听这个梦，而方士又这么回答了，两人都得被抓，说不定脑袋都跟着掉了。而要等萧道成大权在握，我真不信他还能记得自己十七岁时做过的梦。

马伯庸
笑翻中国简史

还有一个梦，是说萧道成的儿子萧赜十三岁那年，梦见穿着木屐在皇宫里溜达，木屐当然是木头做的，暗示他早晚会登基云云——果然他后来当了南齐的第二任皇帝。

这两种说法真算是比较有创意的，咱们看看上文，很多废物点心就只会比照着史书，编造说哪儿哪儿又看见一条黄龙、青龙、凤凰、麒麟之类的，叫人读了就想打瞌睡。再说了，真要有青龙出现，为什么光你见着而别人没见着呢？萧家这爷儿俩干脆说自己在梦里见着的，压根儿不需要对证，可有多省心。

南齐传了二十三年，最终"禅让"给了南梁。那么南梁是什么德性呢？经过前面那么多朝代的熏陶，大概大家伙儿都猜得出来，木生火，南梁一定是火德喽？哈哈哈，这你就猜错啦！

南梁的开国皇帝——梁武帝萧衍是一位"神人"，他的心性叫大家伙儿根本无从揣测，而这种无从揣测的心性也就直接造成了他曲折离奇的经历。且说萧衍本身也是南齐皇室宗亲，他老爹就是萧道成的同族兄弟，有这么一层关系在，他就算踢开末代齐帝萧宝融，自己继承南齐的皇位，也基本上合理合法。不过这位老兄不干，非要用自己王国的封号"梁"来做帝国的国号，明摆着想另立新朝，造个新气象。立新朝倒还罢了，可是在商议德性的时候，萧衍却又搬出自己是齐朝

第三章
魏晋南北朝

皇族的身份，说大家都是一家人，谈什么五行生克的就见外了，一家人不说两家话，前朝什么德咱也是什么德吧！

于是乎，这五德学说第一次蒙上了"亲情"的色彩，而齐、梁也成为中国历史上第一对真正连续同德的朝代，秦、汉，或者前赵、后赵本来也是同德，但那是在不承认前者正统地位的前提下撞的车，所以不算。

梁武帝萧衍统治前期，又勤政又节俭，把南方搞得大有起色，估计真这么一直搞下去，有机会成就一次成功的北伐。可谁想到年岁逐渐增大，这位"神人"的神性，更准确来说是神经性，就直线蹿升，也不知道怎么一来，老头子抛弃儒学，迷上佛教了。

一般皇帝崇佛，也就是多建寺庙，多舍钱财，最多供供佛骨、佛舍利，顶了天了。萧衍可不一般，他建完寺庙以后不光舍钱财，连自己都给舍了，几次三番地偷跑进庙里去剃度，说要出家。皇帝去做和尚，这事儿没有先例，实在太糟蹋皇家和朝廷脸面了，不过这还是小事儿，要命的是，这位皇帝没先把皇位传给儿子、把工作交代清楚，就借着出家的名义公然旷工。大臣们也不敢开除他，只好跑庙里去劝，劝来劝去，皇帝说了："这和尚要还俗，得给寺庙捐财物来赎身哪。"于是

马伯庸
笑翻中国简史

大开国库,花大笔钱财把皇帝给赎出来——你还别说,"皇帝和尚"天下唯此一人,赎身费当然便宜不了。

萧衍偷跑去当和尚,再被用巨额金钱赎身,那不是玩儿了一回,而是连续好几回。他这么一搞,直接导致国库空虚、朝纲紊乱,结果被从北边儿走投无路跑来投诚的侯景掀起大乱,最后把萧衍给囚禁在台城之中。因为萧衍骂了侯景几句,侯景心里不忿,就下令裁减这囚徒的饮食,最后萧衍因为嘴里苦,讨要蜂蜜都要不来,活活给饿死了——跟那位袁术袁老二死得一样难看。

可是民间也有传言,说这位老皇帝给关在台城里虽然没吃的,但他练就了辟谷的神术,根本就饿不着。怎么,你说他饿死了?不对不对,他那是修炼到家,尸解飞升啦——咱说他是"神人",真是一点儿都没有说错。

萧衍饿死以后,南梁又苟延残喘了不到十年,就被大将陈霸先给篡了位。这位陈霸先是个老实人,梁是木德,木生火,那么陈朝自然就是火德,整个过程中规中矩,乏善可陈。一方面是因为没什么可争议的,另一方面,也说明南朝对五德之说开始玩儿疲了,不怎么重视了。

忽略了近一百八十年

说完南朝，转过头来再说北朝，首先是北魏。

北魏是由鲜卑拓跋氏族建立的王朝，鲜卑族的文化当然比不上汉文化，而就算在鲜卑族里面，拓跋氏原本也是最落后、最野蛮的，跟建立过前后燕的慕容氏根本没法儿比。五胡乱华的时候，拓跋族也南迁中原，想要分一杯羹，在山西北部建立起代国来，后来被苻坚所灭。等到前秦崩溃，拓跋族的首领拓跋珪就趁机复国，不久后又改国号为"魏"，史称北魏。

虽然文化特别落后，生产方式和组织结构都极原始，但当北魏逐

马伯庸
笑翻中国简史

渐发展起来以后,却号称自己也有中原人的血统,来头非常之大——咱的祖宗也是黄帝咧!据说黄帝有个儿子名叫昌意,给封到了北方的大鲜卑山,就是拓跋氏的先祖。

汉人总觉得全世界民族全都是一家,只不过我这支过得比你们好点儿而已。比方咱们前面说过,司马迁在《史记》里就堂而皇之地记载着:"匈奴,其先祖夏后氏之苗裔也。"原本的用意,是把自己传说中的老祖宗黄帝哄抬成全人类初祖,谁想反倒被少数民族给反过来用了——哦,既然五百年前是一家嘛,那我继承兄弟的产业,也是理所当然之事啦。

总之,北魏拓跋氏自称是黄帝的后裔,不论驺老教授的旧五德学说,还是刘向、刘歆爷儿俩的新五德学说,德性世系里面黄帝都属后土之德。拓跋氏因此"考据"出,北方俗语里"土"字念"拓","后"字念"跋",瞧吧,这就是咱的起源,有根有据有说法——其想象力真可谓历代王朝之翘楚。

既然他们是黄帝之后,那什么祥瑞、符谶啥的就都可以省了。拓跋珪改国号称皇帝的时候,就依照这个说法,上应土德,服色尚黄,祭祀用白牲口,干脆利落。啧啧,看人家北魏多气派,别的朝代都是参考着前朝的德性来确定自己的德性,比如汉是火,魏就是土,宋是水,

第三章
魏晋南北朝

齐就是木,只有北魏皇皇大气,不跟那些小家伙蜗角相争,直接从黄帝开始论辈分,根正苗红……当然啦,这是官方的说法,事实上拓跋氏在建立北魏之前连一个带"德"的势力都没消灭过,所以才无牛可吹,无德可替,只能走祖宗路线——跟赫连勃勃有的一拼。所以说,这北魏的"土德"就跟孙猴子一样是石头里凭空蹦出来的,压根没法儿排进五德生克的循环里面去。

公元490年,在汉人看来是一代明君而在鲜卑人看来是不肖孽子的孝文帝拓跋宏开始亲政了。这时候北魏已经基本统一了黄河流域,控制了大片汉人的土地,当然不能再忽视汉人的文化,好几代君主都识汉字、读汉书,而以这个拓跋宏最为崇汉,因而他逐渐察觉到本朝的"土德"实在是来路不正,跟历朝历代流传下来的顺序都接不上,根本没法儿蒙人。于是拓跋宏就下诏让群臣讨论一下,看看能不能换个更合适的德性,或者找出个更靠谱一点儿的解释来。

诏书一下,可不得了,立马惊起了全国无数读圣贤书的闲人。要知道,这北魏群臣多是些机关干部,最喜欢开会,解决问题与否倒还在其次,最重要的是能过了嘴瘾。当年北魏历代皇帝都想迁都洛阳,

马伯庸
笑翻中国简史

这些大臣就喊喊喳喳聊了半天也没个定论，只好暂且搁置。前两年拓跋宏因为多了句嘴，问祭祀太庙该用"禘"字还是"祫"字来形容，就引得大臣们兴高采烈地又发帖子又灌水，折腾了好久也没结论，最后拓跋宏只好行使最高管理员权限，锁帖了事。现在既然皇帝开了新话题，大家岂能放过，于是纷纷引经据典，引发了一场超级大辩论。

最先站出来的是中书令高闾，他是个书生，文学青年出身，又有学问又有激情。高闾说五德之说本自汉代开始，一共有三种说法，张苍认为是水德，贾谊、公孙臣认为是土德，刘向认为是火德。水德从逻辑上说不通，而土德则是把秦朝当成正统，都不足取，所以汉的火德应该是直接取代周的木德，这才合乎天理。以后魏土德代汉火德，晋金德代魏土德，后赵水德代了晋金德，前燕木德代了赵水德，前秦火德代了燕木德，一朝朝传承明确。前秦虽然不是北魏灭的，但它灭亡的时候恰好北魏建基称帝，所以北魏就应当接替前秦的正朔，火生土，还得是土德。

听到他这么一掰扯，旁边立刻跳出两个人来，一个是秘书丞李彪，一个是著作郎崔光，他们都是拓跋宏身边的重臣，掌握着修史的大权，嗓门自然比别人大些。这两位觉得，你高闾懂什么呀？老

第三章
魏晋南北朝

爷我是专门修史的,这方面我们才是行家。咱大魏当年神元皇帝拓跋力微跟晋武帝司马炎是好哥们儿;后来刘聪、石勒肆虐的时候,本朝两位皇帝还帮过晋朝的忙,晋朝一直感恩不尽;再后来太祖道武皇帝拓跋珪灭掉了后燕,这才有了大魏天下。所以说了,无论赵、秦、燕全都是些篡僭之辈,是伪政权,不能算在五德循坏里面。魏有恩于晋,而晋朝灭亡的时候,正好又是平文皇帝兴旺的时候,那么继承晋朝金德的理应是我大魏,应水德之象。再说了,晋朝灭亡后的七十几年里本朝服色一直都是黑色的,这难道不是天意吗?这必然就是天意呀!

这一大套掰扯,真是谁听谁晕,还是简而言之吧,这两位的意见是把北魏上推到代国,再从代国上推到全族还在东北原始密林里放牧的时代,把个传说中的初祖拓跋力微给扛出来说事儿。拓跋力微的时代,拓跋族刚刚走出东北密林,迈上了蒙古草原,当时曹魏、西晋先后蹿起,遥控草原,所以拓跋力微向这两朝都称过臣,都帮过忙,也都开过仗。既然那时候就跟中原王朝有渊源,两位就认定北魏应当继承西晋的正朔,把中间那些朝代全都忽略掉。

——他们可真强,上嘴唇一磕下嘴唇,直接忽略掉了近一百八十年,连奥运会都能举办四十六届了。这份儿瞎扯的功力,就连张苍老先生复生都得甘拜下风，惭愧得一脑门儿的冷汗吧。

　　高闾和李彪、崔光，两派各执一词，叽叽喳喳地吵啊闹啊，把皇帝拓跋宏听得是头昏脑涨，也不知道该倾向哪一方为好，末了他只好摆摆手，缩着脖子说让大臣们都商量一下吧。谁想这一下更糟，大家伙儿吵得更欢实了，从公元490年八月一直讨论到了来年正月，足足五个多月，官僚作风实在不输于后世宋代那群玩"濮议"的大臣们。

　　这回拓跋宏没有锁帖，于是讨论时间再长，也终于还是出了结果。最终，那一票贫嘴废话的大臣们联名上了一份奏表，说经过组织仔细研究，我们觉得还是李老师、崔老师说得有道理，大魏应该定为水德，以承接晋朝的金德。拓跋宏被他们闹得没脾气了，下旨说你们觉得是啥就是啥吧。于是从这一年起，太和十五年（公元491年），北魏不再是土德，而改为水德，服色尚黑，总算是勉勉强强掺和进五德循环的次序里去了。

　　打那以后，北魏孝文帝拓跋宏算是见识到了那群家伙捣糨糊的能力，所以等到两年以后他想迁都的时候，就再也不敢搞什么民主讨论了。他先拉着一群老少爷们儿说，咱们今天南征啊，大家跟着我走。等到

第三章
魏晋南北朝

了洛阳以后全都走不动了，拓跋宏才说，既然大家都走到这儿了，索性别回去了，就定都这里得了。事实既成，群臣没奈何，只好抹抹热汗应承下来——你不应承，行啊，那你自己继续南征去。从此北魏定都洛阳，进一步汉化，逐渐走向强国之路。这幸亏是先斩后奏，要是拓跋宏再按老办法让大臣们开会商量，恐怕历史就得改写。

色彩斑斓的北周

北魏孝文帝拓跋宏迁都洛阳以后三十四年，公元528年，契胡酋长尔朱荣进入洛阳，杀了胡太后和皇帝元钊，另立了元子攸为帝（那时候拓跋氏已经全面汉化，就连姓氏也改成了汉姓"元"）。公元530年，元子攸亲手杀了尔朱荣，尔朱荣的侄子尔朱兆又杀了元子攸，另立元晔为帝。随即占据冀州的大军阀高欢发兵杀掉元恭，击败尔朱兆，再立元脩为帝。公元534年，元脩跟高欢有了矛盾，就逃到关中，依附另外一个地方实力派人物宇文泰。高欢没奈何，新立元善见为帝，迁都邺城。一年以后，元脩被杀，宇文泰找了另一个皇室成员元宝炬当

第三章
魏晋南北朝

皇帝。于是经过这么一番乱七八糟的瞎折腾，北魏同时出现了两个皇帝，按照史书上的习惯说法，就此分裂成高欢执政的东魏和宇文泰把持的西魏。

甭管这魏是东是西，毕竟都是魏，所以两魏名义上全部都是水德。可惜好景不长，公元550年，高欢的儿子高洋废了元善见，建立北齐；七年之后，宇文泰的侄子宇文护也废掉了魏恭帝元廓，拥戴堂弟宇文觉建立北周。于是继续中原分裂，形成周、齐对峙的局面。

如此一来，让很多王朝都头疼的问题就又浮上了水面。魏只有一个，德也只有一个，如今一分为二，这该怎么算呢？这高洋、宇文护都是太子党出身，都有着天下英雄舍我其谁的气概，觉得自家才是正统，于是彼此都不理睬对方，自己埋头定自己的德。

北齐首先宣称自己承魏水德，应木德，尚青，但奇怪的是他们所得的祥物预兆却是"京师获赤雀，献于南郊"——赤雀赤雀，分明是红色的，该应火德嘛。

可是跟北周相比，北齐已经算正常了。北周也自称为木德，但这个"木德"应得非常古怪，木德尚青，而北周的服色却仍然尚黑，是水德之色；他们又宣布实行古代夏朝的历法，而夏朝分明是金德；更离谱的是，宇文家自己公布的族谱里，最早的祖先是炎帝神农氏，而炎

马伯庸 笑翻中国简史

帝却该是火德……这就完全彻底乱了套。本来一朝一色，习为定制，即便曹叡也不过才搞了两个颜色而已，到了宇文家就成了五颜六色的万花筒，除了黄土以外，四德俱全，倒也算得上是另类的行为艺术。

诡异虽然诡异，这色彩斑斓的北周却真的成就了一番霸业，在公元577年灭掉了北齐，统一北方，想来是上天也被这不按规矩出牌的宇文一族给气糊涂了吧。

北周第四代皇帝——周宣帝宇文赟是个奇葩，除了寿命以外，简直可以跟南边儿的萧衍相互辉映，争夺"最不靠谱皇帝"的奖杯。他继位的时候才刚二十岁，可当了一年皇帝就烦了，把宝座禅让给才七岁的儿子宇文衍，自称"天元皇帝"，躲在后宫里继续执政，好歹省了上朝的麻烦。

宇文赟的皇后名叫杨丽华，她的老爹杨老先生就是日后开创一代"盛世"的隋文帝杨坚。

隋文帝这皇帝宝座来得很离奇，也很危险。首先，宇文赟是个既好色又暴躁的小子，他一躲进后宫，就连着把四个宠妃全都封成皇后，跟正牌的杨皇后平起平坐。四个新老婆争宠夺势，全都把矛头指向杨皇后，搅得宇文赟直接跟老丈人杨坚放狠话道："我迟早要杀你全家！"

第三章
魏晋南北朝

杨坚吓得小心肝儿扑腾扑腾地跳,就想找机会闪人,离开京城长安到地方上疗养去。可是还没等他动身,宇文赟就在"只要功夫深,铁杵磨成针"的后宫生活中活活累死了,于是大臣们推举杨坚辅政——开玩笑,这才是正牌皇后的正牌老爹,小皇帝的正牌姥爷,那四个新皇后跟他们娘家人都算什么啊,谁知道哪儿蹦出来的!

接下来发生的事情,就算没听过这段历史的朋友们也都能想得出来。杨坚一上台,立刻搞了场大清洗,包括宇文家的藩王们,也包括反对他的大臣们,全都连锅端。然后到了公元 581 年,他逼迫小外孙禅让,自己登上皇位——即将完成大一统的隋朝,就这么诞生了。

乱世中的德性,终于画上了一个休止符。

第四章 从隋到宋

马伯庸笑翻中国简史

两条链子终于合并

隋文帝杨坚是个很迷信的家伙——其实扒一扒历朝历代的皇帝，不迷信的凤毛麟角。要证明自己的皇位不是昧着良心抢来的，而是上天利用种种机会授予的，皇帝就不可能不信那些谶纬、德性之类的胡说八道。

举个例子，杨坚的老爹叫杨忠，本来是西魏十二大将军之一，后来帮助宇文家篡了西魏，就被封为随国公。杨忠去世，杨坚袭了老爹的爵位，也做随国公，宇文赟死后他掌控朝政，就逼迫外孙小皇帝加封自己为随王。

马伯庸
笑翻中国简史

你瞧，问题来了。刘邦当皇帝前是被项羽封了汉王，所以建立帝国，国号也就沿用这个"汉"字；曹丕原本是魏王，建立帝国沿用"魏"字；司马炎本是晋王，建立帝国沿用"晋"字；刘裕本是宋王，建立帝国沿用"宋"字……按道理说，杨坚既然是从随王爬到皇帝宝座上去的，那他所开创的朝代就应该是"随朝"啊，怎么就变成"隋朝"了呢？

这就跟迷信扯上关系了，杨坚打算称帝，定国号，就琢磨着这个"随"字不好，不吉利。一种说法，"随"有走之旁，他怕随着随着，帝王之气就给随走了；另一种说法，"随"的意思是跟随，杨坚想，老子我要开创一个无比辉煌的新王朝，怎么能跟随旧时代的脚步走呢？于是乎，他翻查古书，发现随、隋二字通假，而这"隋"字瞧上去就显得那么喜庆，就它吧，咱们定名为大隋！

所以说，杨坚既然这么迷信，他是不可能抛弃延续了那么多年的五德学说的，五德的历史继续翻开新的一页。

隋朝接替的是北周，北周的德性如前所述，搞得乱七八糟的，杨坚索性快刀斩乱麻，只认准了"木德"说事儿，别的一概忽略。按照五德相生的理论，木生火，隋朝又该是火德了。

据说早年间就有人献过符谶，"言赤帝降精，感应而生隋也。故隋以火德为赤帝天子。"甚至在杨坚收到禅让书的时候，也有人自称恰好

第四章
从隋到宋

瞧见一只朱雀降临在宫殿屋顶上……反正都是老掉牙的祥瑞桥段，而且分明都是先上车后补票。咱们说了，"随"改"隋"就是杨坚一拍脑门儿现想出来的，在此之前，哪儿会有什么"感应而生隋"的说法呀，要有这说法，还用杨坚绞尽脑汁琢磨新国号吗？

总之，符谶、祥瑞是造出来了，能够"证明"果然是上天预告，隋应火德。接着一切顺理成章，受禅、登基、宣布本朝德性为火德，朝会之服、旗帜、牺牲全都尚赤，齐活。

有意思的是，这时候偏安江南的陈朝也自称是火德。从西晋灭亡开始，南北两边儿演变出两套彼此独立的五德循环次序，而且都自认来路正统，对方是僭伪，于是北边骂南边是"岛夷"，南边骂北边的是"索虏"，谁也瞧不起谁。然而造化神工，经过这几百年的轮回，两条线的终点站"陈"与"隋"，一南一北恰好又都是火德，巧合得令人拍案叫绝。而至于究竟谁才是真命的火德天子呢？那就得看哪家的火烧得更旺盛了吧。

隋文帝开皇八年（公元588年），杨坚派出五十一万大军南下伐陈，几乎兵不血刃就兵临陈都建康城下。整天只知道跟宠妃和宠臣们开文学派对、压根儿不理国事的陈后主陈叔宝这才慌了神，把全部兵

马伯庸
笑翻中国简史

马都拉到城外去跟敌人野战。可是他忘记了一件重要的事情,那么多兵,那么多将,他忘记任命一位总司令了。

于是乎,陈军互不统属,互不配合,被隋军一冲就彻底垮了。隋军轻轻松松地杀进了建康城,杀入皇宫,可是左找找不到陈叔宝,右找找不到陈叔宝——城池给围得像铁桶一样,难道那废柴陈后主还有机会逃跑?一直找到天黑,才有人在景阳殿前面的井边,似乎听到有人说话。往井里问了几声,没人答应,于是隋兵就恐吓道:"再不回答老子就扔石头啦。"里面这才传出告饶声。

隋兵往井里顺了根绳子,让里面的人抓住绳子,好给提拉出来。这一提拉可了不得,竟然是陈叔宝和他两个宠妃——张贵妃、孔贵嫔——三人躲一口井里,也不怕挤出个好歹来。陈叔宝就这么被俘虏了,陈朝就此完蛋。想想也是,井里有水,陈朝的火德天子躲在井里,那火头还不给浇熄了吗?还能落着好吗?

从此中国经过三百多年的大分裂终于恢复了统一,而五德循环的两条分支在经历了各式各样令人眼花缭乱的变迁之后,也终于合二为一,重新并合到了一起。

可是且慢,隋朝虽然统一了,但这个统一王朝的寿命实在是太短啦,跟被张苍、刘歆等人直接贬低成闰统而不是王朝的秦朝有的一拼。

第四章
从隋到宋

且说隋文帝杨坚是个被西方人赞誉为"圣人可汗"的明君,在他统治下政府是肥得流油——什么,你问老百姓?老百姓穷不穷关圣明天子什么事儿?杨坚对待老百姓的态度,除了法律宽松一点儿以外,就跟秦始皇没啥两样。当初秦始皇滥用民力,大家都说,要是他那个性格宽厚的长子扶苏可以继位为君,或许还可能让民力慢慢缓过来,秦朝不至于二世而亡。那么隋朝呢?隋朝的下一个皇帝就是大名鼎鼎的隋炀帝杨广。

自从五胡乱华以来,你方唱罢我登场,几百个皇帝在中国大地上肆虐,这里面有千古罕见的暴君,有千古罕见的昏君,偶尔也有几个好一点儿的君主以及几个奇葩。可把这些家伙全摞起来,智商恐怕都比不卜杨广,暴、昏和奇葩几方面也同样比不上杨广。

杨广不但使老百姓更穷、更活不下去了,还把老爹辛辛苦苦才积攒起来的政府家底也给败光了。他启动了一系列大工程,其中包括大运河之类的,那真是泽被万世啊,可那么多大工程同时启动又紧催着完成,其魄力就算秦始皇活过来都得瞠目结舌。结果隋朝统一后短短三十年就亡在了杨广手上,杨广的表哥李渊摘取了统一的果实。

据说(又是据说),在杨广登基后不久,世间就流传起了一则谶谣,

马伯庸
笑翻中国简史

说："李氏当为天子。"有个叫安伽陀的方士禀报给杨广，建议把全中国姓李的全部杀光，以绝后患。杨广倒是信了他的话，可是不能答应——开玩笑，现在"张王李赵遍地刘"，那时候李姓也是大姓，全中国没一百万也有五十万，怎么杀得过来？再者说了，朝堂上无数重臣姓李，要都给杀了，杨广这皇帝宝座还怎么可能坐得稳？

不过有人从中看到了商机……不对，是进谗言的良机，那就是大奸臣、褒国公宇文述。宇文述向杨广递小话，说："安伽陀所言有一定道理，我听说郕国公李浑经常跟一票人关起门来开小会，一定是在商量什么阴谋诡计。这个'李氏当为天子'，肯定是应在他头上的。"杨广这回"从善如流"，反正杀一个人简单，于是当即把李浑下了大牢，并且交给宇文述去审理。

这不是把耗子扔给猫嘛，李浑哪儿还能得着好？宇文述很快就靠着逼供和诱供，得到了他希望得到的供状，呈交给杨广。杨广还感激他哪，流着眼泪说道："我大隋差点儿就完了，全靠亲家公（宇文述的次子宇文士及是驸马，娶了杨广的女儿南阳公主为妻）你明察秋毫啊！"下令把李浑和他的同党全部处死。

李浑是死了，可是姓李的人多了去了，等到天下大乱，烽烟四起，就到处都有姓李的拿那则谶谣来说事儿——杨广要是不杀李浑，哈哈

第四章
从隋到宋

一笑当谶谣是胡扯，估计也不会再有人想对谶谣加以利用，这是真真正正的欲盖弥彰。

因此大业十年（公元614年）末，洛阳街头就突然传出了一则谶谣，说得更加详细："桃李子，得天下。皇后绕扬州，宛转花园里。勿浪语，谁道许！"有个叫李玄英的文化人就解释说："'桃'和'逃'谐音，是指逃亡的李家人将得到天下；第二句是说皇帝和皇后都将滞留扬州，难以返回中原；第三句说'勿浪语'，是扣一个'密'字。"

这解释再清楚不过了，得天下的将是"李密"啊。要说当时还真有叫李密的人，并且名气很大，他曾经是隋朝的蒲山郡公，后来辅佐杨玄感造杨广的反，杨玄感失败以后，到处逃亡，最终入了瓦岗寨，当了大头领。估计那则谶谣就是李玄英本人造的，他自己编造自己注解，想证明李密才是真命天子，将要代隋而兴。李密一开始倒是真不辜负他的期望，各路反王里要以瓦岗寨的实力最强，可是这位李密先生因胜而骄，越来越倒行逆施，最终还是当不成天子。

恐怕当时谁都想不到，这个"当为天子"的姓李的，竟然应在了李渊头上。

李渊的老娘和杨坚的老婆是姐妹，换言之，他是杨坚的外甥，是杨广的表哥，高门外戚，谁都想不到他会起兵造隋朝的反。可是眼看

马伯庸
笑翻中国简史

杨广胡作非为，天下被搞得乱成一锅粥，李渊琢磨着我要是再不动手，那铁定要陪着杨广死啊。他姓杨，我姓李，我干吗给他陪葬？于是悍然在太原立起竿子，然后长驱直入，杀入长安，拥戴杨广的孙子、代王杨侑当皇帝——杨广就这么着在自己都不知情的情况下"被太上皇"了。

杨侑封李渊为唐公，不久后又晋升为唐王，然后顺理成章地，李渊更进一步，受了禅让，做上了大唐天子。新朝既然建立，按照习惯就得推"德"啊，五行相生，火生土，既然隋朝是火德，李唐于是就妥妥地应了土德，服色尚黄。

大唐千年历

李唐应土德，本来这件事是清清楚楚、明明白白、合乎规则、无可争议的，可谁想到偏偏有人瞧着不顺眼，要跳出来唱反调。这人是谁呢？那就是大名鼎鼎、"初唐四杰"之一的文学家王勃。

高祖李渊以后是太宗李世民，李世民以后是高宗李治，就在李治当皇帝的时候，王勃写成了一部《千岁历》，说唐朝的土德应该直接接续汉朝的火德，而非隋朝的火德。为什么呢？王勃解释说，因为从曹魏直到隋朝，历代都没能真正统一中国，他们都是没有资格参与五德循环的，只不过是些五行的"沴气"而已。"沴"这个字读"厉"，指

马伯庸

笑翻中国简史

的是灾害、不祥和，所谓沴气，也就是类似汽车尾气的废气、灾气、毒气——文人骂人从来最阴损不过了。

王勃是当时的大才子，果然手笔非凡。汉代那位张苍先生踢开秦朝，让汉朝继承周德，不过是裁掉了从东周灭亡直到汉朝初兴之间五十多年时间而已，北魏的崔光先生不理会十六国，让北魏上追晋德，也不过省略了中间近一百八十年而已。这位王大才子下手可比前人狠得多，轻轻松松四个字"唐继汉德"，于是乎汉唐之间的魏晋十六国南北朝将近四百年时光，就被他一刀割下来扔下水道里去了。

因为这种算法实在太荒唐，连朝廷都觉得不像话，所以根本不予理睬。王勃终究也只是一位文学家，做不成开宗立派的一代大儒，或者一代大忽悠。

可是（人生就怕可是，历史也怕可是），这事儿还没完呢，谁都想不到过了几十年，又有人端起了王勃的剩饭。

且说唐高宗驾崩以后，他老婆武则天垂帘听政，后来干脆把几个儿子都一脚踢开，自己当了皇帝，把国号改成了"周"，追认周文王为武氏的始祖——据说开创东周的周平王有个小儿子，因为手掌上有像"武"字的纹路，就起名为武，后来又赐为武氏，做了周朝大夫，也不

第四章
从隋到宋

知道怎么一路传下来，就传到武则天了。

按照骆老教授的"五德终始说"，一千年前的周朝是火德，这一千年后的周朝嘛，当然也要跟着祖宗走，同样应火德，服色尚赤。这又是一个不按牌理出牌的主儿——不过话说回来，女人当皇帝，本来就彻底颠覆了传统牌理嘛，她还在乎这点儿小花样吗——因为无论是"五行相胜"还是"五行相生"，都解释不了为啥唐朝是土德，跟着兴起的武周会是火德。不过哪怕再诡异，当时都没人敢纠正，这可以理解，换了我回到那个时代，也一样装聋作哑。为什么呢？你想啊，旁边周兴、来俊臣他们全都支棱着耳朵哪，你要是对火德表示疑问而惹得武则天不高兴了，被请进大瓮里洗桑拿，那可怎么办？

反正质疑的话是没人敢讲，说奉承话拍马屁的却大有人在。武则天曾经修建过一座宣明政教用的明堂，后来天有不测风云，也不知道哪儿冒出来的火头，呼啦一下就把整座建筑给烧成白地了。武则天心里这个郁闷呀，好几天都蹲在宫里画圈圈。这时候就有个叫张鼎的左史跳出来给女皇帝解闷儿，谄媚地上奏道："大火在王屋上燃烧，正合乎我大周火德兴旺之象哪，这是祥瑞啊！"气得左拾遗刘承庆上疏驳斥，说这小子哪儿是奉承，分明说风凉话嘛，陛下您可千万别被他妖言所惑。

可不是嘛，要是奉火德就得遭天火，甭问啊，奉水德就得发大水，

马伯庸
笑翻中国简史

奉金德就有刀兵之灾，奉木德要房倒屋塌，奉土德不是山崩就是地震……五德靠着灾祸来应，那还是德吗？还奉它干吗？作死啊？

话头拉回来，且说武周朝出过一位大画家，名叫李嗣真，字承胄，官拜右御史中丞。从来文学艺术不分家，所以大画家李嗣真就重提大文学家王勃的理论，建议把周、汉尊为二王，其他的小朝代尤其是北周、隋都要降格处理。这一回武则天准奏了，颁令全国改制，于是只有周、汉两朝被尊为正统，其他王朝，甚至唐朝，全都变成列国了。

武周认定老祖宗东、西周是火德，汉朝按照刘歆的说法，也是火德，然后空了四百多年，大家继续火德——五德还循环什么啊，从头火到尾算了嘛。所以等到武周结束，唐中宗李显复了位，怎么瞧怎么觉得这些政策别扭到了姥姥家，于是一股脑儿全都废掉，复归唐初的说法。

有关王勃的《千岁历》，到此还不算完。

唐朝最鼎盛的时代是唐玄宗开元、天宝年间，那时候到处歌舞升平，饱暖思淫欲……不对，应该是得到饱暖的大群闲人想要追求更高层次的物质文明和精神文明享受，而想要得到更高享受就得升官，升官最便捷的方式就是上疏朝廷言事，以求骗得皇帝青睐。当时那些上疏言事的家伙为了吸引眼球，不惜在奏章里说些稀奇古怪的话，说的话越是诡异，观点越是新奇，就越容易得到注意。这其中，就有个叫崔昌的，

第四章
从隋到宋

干脆拿王勃的旧文改了个名字,直接就给递了上去。

唐玄宗本身就是个艺术家,如前所述,他的思路大概跟李嗣真差不多,觉得这说法真新鲜、有意思,就去跟宰相李林甫商量。而至于这位李林甫先生,成语"口蜜腹剑"就是说他的,最会拍皇帝马屁,同时背后给同僚下刀子。他一瞧玄宗的口气,好像很欣赏这种说法嘛,皇帝赞成的,只要不违背他的利益,他何必去反对呢?于是连连点头称是。唐玄宗大感欣慰,下诏准奏。

于是乎,周、汉重新被奉为二王,其他朝代再次被降格为列国,一如武则天时代,只不过这次继承周、汉正统的是唐朝,为土德。甚至两年以后,礼部还出了个《土德惟新赋》的科举作文题,让考生们全都就这件事来谈谈感想。

后来唐玄宗"扒灰"扒出个杨玉环,两人那份恩爱缱绻啊,杨家得以鸡犬升天,就连杨玉环原本落魄的堂兄杨钊也做上了高官,并且改名为"国忠",以表示他对皇帝那真是忠心耿耿,可表天日。这杨家一直是当隋朝皇室为本家的,杨国忠瞧见唐朝居然把隋也给贬了,心里着实不舒服,于是跟玄宗商量,咱们不如从北魏开始起算,把北周和隋朝都放回五德循环里去,如何?

这时候唐玄宗正和杨玉环如胶似漆呢,更重要的是,李林甫已经

马伯庸
笑翻中国简史

挂了,原来一直被他压着难以出头的杨国忠当上了宰相,总理朝政,所以对于这个宰相大舅哥的面子,玄宗不能不买。玄宗下诏:"一切都按杨相说的改。"杨国忠随即就把那倒霉鬼崔昌给远远贬到蛮荒之地去了。

就这么着,拉拉扯扯了两三个来回,唐朝的土德上承隋朝的火德,才算是真正稳固了下来。然而讽刺的是,就在唐朝的德性终于稳定下来的同时,唐朝的社稷却开始了剧烈动荡——天宝十四载(公元755年),安史之乱爆发。唐玄宗为此丢了皇位,也"被太上皇"了一把,杨国忠和杨玉环兄妹则干脆丢了性命。

> 自古帝王五运之次,凡二说:邹衍则以五行相胜为义,刘向则以五行相生为义。汉魏共遵刘说,国家承隋氏火运,故为土德,衣服尚黄,旗帜尚赤,常服赭赤也。赭黄,黄色之多赤者,或谓之柘木染,义无所取。
>
> 高宗时,王勃著《大唐千年历》:"国家土运,当承汉氏火德。上自曹魏,下至隋室,南北两朝,咸非一统,不得承五运之次。"勃言迂阔,未为当时所许。天宝中,升平既久,上书言事者,多为诡异,以希进用。有崔昌以勃旧说,遂以上闻,玄宗纳焉,下诏以唐承汉,

第四章
从隋到宋

自隋以前，历代帝王皆屏黜之，更以周、汉为二主。后二岁，礼部试天下，造秀作《土德惟新赋》，则其事也。及杨国忠秉政，自以为隋氏之宗，乃追贬崔昌并当时议者，而复酅介二公焉。

《封氏闻见记·运次》

统一以后再动乱

所谓"安史之乱",是指唐朝镇守北方边境的胡族雇佣军集体造反,造反的第一头目是安禄山,后来被他儿子安庆绪给宰了,接着安庆绪又被大将史思明宰了,史思明被他儿子史朝义宰了。安、史两姓,父子四人,掀起了泼天的大乱子。

安史之乱是唐朝由盛变衰的转折点,从公元755年开始,到公元763年终结,前后持续了七年多的时间。不但唐玄宗没能看到动乱落幕,就连他儿子唐肃宗也没能看到——宝应元年(公元762年),这爷儿俩前后脚挂了,距离叛乱结束还有半年的时间。

第四章
从隋到宋

唐肃宗以后是唐代宗,然后德、顺、宪、穆、敬、文一路传下去,唐朝的德性已经确定,再也没人翻起什么诡异的波浪来了。只是,到了唐武宗李瀍当皇帝的时候,他又为五德学说增添了一个小小的应用项目。

话说唐武宗有一回得了病,很长时间都没能好,于是他就开始琢磨上了:"当年汉朝是火德,所以光武帝刘秀把洛阳的'洛'字改成了'雒',以免大水浇灭火头。如今我大唐乃是土德,而我的名字里有三点水,土克水,这病自然就好不了啊。看起来,王朝的气运是不能压住君主名字的。"因而李瀍就下诏改名,把"瀍"字改成"炎"字,火生土,这回顺溜了吧。

想当初曹魏初定土德,就有闲人跟曹丕递话,说赶紧把"雒阳"给改回"洛阳"吧,土克水,王朝之气压住了首都之气,乃是大好事。估计唐武宗李炎就是想到了这个典故,所以才加以发挥和应用的。

说句题外话,唐武宗的前一任皇帝是唐文宗,本名李涵,也是带三点水的,后来登基的时候改名为李昂,不知道跟五德学说、五行相生相克是否也有关系。手头没有什么确实的证据,姑妄言之,大家也都顺耳朵一听就是了。

唐文宗前面是唐敬宗李湛,唐武宗后面还有个唐懿宗李漼,全

马伯庸
笑翻中国简史

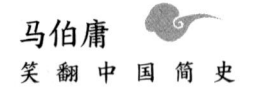

都带三点水,却都没有改名。李湛确实活得不长,李漼却好歹活到了四十一岁,比改名李炎的唐武宗多活了八年,所以说这君主名字和王朝德性之间的生克关系嘛……嘿嘿嘿嘿,今天天气真不错。

咱们来总结一下此时所谓正统德性体系吧:周朝是木德,汉朝是火德,木生火,这是五行相生;然后北魏是水德,水克火,这是五行相克;接着北周是木德,隋朝是火德,唐朝是土德,都是五行相生。总而言之,相克、相生的新旧两套学说,原本都可自成体系,可是经过了人为的反复降格、升格和割裂以后,就混合出来这么一个四不像。

唐朝总共传承了二百八十九年,最终这个土德王朝还是挂掉了。关于唐朝灭亡的因素很多,包括内部的牛李党争、藩镇割据、农民起义,也包括外部的回鹘、吐蕃、契丹等外族侵扰,不过直接毁掉这个王朝的,还得说是藩镇割据。

终结唐朝统治的家伙就是一个割据一方的大军阀,此人本名朱温,是"若要官,杀人放火受招安"的典范。

朱温曾经参加过黄巢起义。且说广明元年(公元880年)十二月初五,黄巢率领大军杀进长安,唐僖宗按照惯例逃去了四川。可是黄巢没能在长安站稳脚跟,很快就被各地蜂拥而来勤王的唐军给赶出去了,作为部将的朱温瞧着形势不妙,于是就在公元882年临阵倒戈,

第四章
从隋到宋

降唐了。唐僖宗这个高兴啊，算起来朱温是头一个归降的叛贼，而且职务还不低，本着"千金买马骨"的古训，他立刻下诏任命朱温为左金吾大将军、河中行营招讨副使，并且赐名：全忠。

可是正如火德王朝不可能一直火下去，水德王朝也不见得不发大水一样，名字是名字，实际是实际，这个世上名实不符的事物多了去了。想当初开元、天宝的盛世就有一半儿毁在一个叫"国忠"的家伙手上，唐朝最终也毁在这个"全忠"手里了，两人简直可以说是隔着一百多年前后辉映。

中唐开始就藩镇割据自雄，到了晚唐，藩镇们更是闹得不像话，不但私相授受职务，不听朝廷调遣，而且还三天两头地私斗甚至造反，而朱全忠在降唐以后，很快就发展成中原地区最庞大的一家藩镇势力。势力强了，野心就随之而起，公元907年四月，他终于下手推翻唐朝，建立后梁——历史就此迈进了空前混乱的五代十国时期，而后梁就是五代中第一个王朝。

所谓五代，指的是梁、唐、晋、汉、周这五个基本控制中原腹地，并且相互延续的王朝。所谓十国，就是中国大地上还先后存在着的十个割据小国，除了一个北汉是后汉皇族在契丹人的支援下苟延残喘，可以暂且不论之外，其余九国基本上都在南边儿。关于德性的问题，

马伯庸
笑翻中国简史

咱们还是老规矩，先从北边说起。朱梁的德性是什么呢？

公元907年，朱温推翻唐朝，建立梁朝，史称后梁。这位老兄既然当了皇帝，当然不能再叫"全忠"了，那得别人忠他呀，他怎能去忠别人？因而改名朱晃。他也信五德循环那一套，既然唐朝是土德，土生金，那么后梁就该应金德。于是朱晃自命为金德王，就连内殿的名字都定下叫作"金祥殿"，当真是金光闪闪，瑞气千条。

马屁精们按照惯例是蜂拥而上，忙着献祥瑞、解谶谣。据说，还在武则天垂帘听政的时代，世间就出现过一则谶谣，说："首尾三鳞六十年，两角犊子恣狂颠，龙蛇相斗血成川。"当时就有人解释说："两角犊子，那是牛啊，想来一定有姓牛的恶人出现，颠覆大唐社稷。"所以后来官吏们互相倾轧，姓牛的人就倒霉了，周子谅弹劾牛仙客，李德裕弹劾牛僧孺，都搬出这则谶谣出来说事儿。

可是过了一阵子，不知道哪儿又跳出闲人来给了个新解释，说大家都理解错了，要想解这谶谣，得在"牛"下面安个牛角"八"。这样就成了"朱"字——唐德宗时期有朱泚叛乱，当时人都说这是应了谶谣啦。等到朱泚失败被杀后整整一百年，又有人把这事儿给翻出来了，奉承朱晃说："这分明说的是陛下您哪，您将代唐而兴，老天爷两百年前就给出预兆啦！"

第四章
从隋到宋

除了谶谣之外,当然还有祥瑞,有人声称在广南附近逮着一只白鹿,这只白鹿可不寻常,它的耳朵上缺了两块。据说,鹿这种畜生寿命很长(这当然跟生物学无关),若能活过一千年,则全身皮毛就会变得雪白,耳朵也缺一块。如今逮着的这只白鹿耳朵上缺了两块,那铁定寿命超过两千年了,大家伙儿就颂扬说,这正合乎本朝尚白的金德之象。

可惜这个金德王朝别说两千年了,就连二十年都没熬过去,很快就被灭掉了。

贼寇岂能有德性?

究竟是谁灭的后梁呢?原来朱温虽然建号称尊,但他的实际统治范围还不到中原的三分之一,四周是群敌环伺,内战、外战从来就没有停过。其中有一镇唐朝旧藩,乃是沙陀族人李克用所建,实力最强,跟朱晃也仇深似海。李克用死了以后,传位给儿子李存勖,这位李存勖是一代名将,数次发兵,杀得朱晃捉襟见肘、狼狈不堪。所以朱晃忙着打仗,精力有限,金德不金德的,也就登基的时候顺道提了一嘴,没再多闹什么幺蛾子。

到了公元923年,后梁终于被李存勖给灭掉了。李氏父子本是沙陀人,这个昙花一现的少数民族,本来从属于突厥,突厥为唐所灭,沙陀就顺势降了唐,首领朱邪氏被赐了李姓。传到李克用、李存勖的

马伯庸
笑翻中国简史

时候，就干脆举起了复兴唐室的大旗，以号召各路诸侯雄起跟朱晃对着干。当时李家打着两面旗号，一面是"唐"，虽然唐朝亡了，但他们仍然自认是唐朝的臣子；一面是"晋"，因为李克用曾被唐朝册封为晋王。然而等到李存勖势力膨胀，北边儿打退了契丹，南边儿把后梁军打得跟狗一样的时候，他就干脆废了"晋"字旗号，光称"唐"了。为啥呢？原来这位老兄老实不客气，自己登上皇帝宝座，自称大唐天子啦。

李存勖这种行为，瞧着很眼熟吧。没错，想当年刘渊也是外族挂个刘氏赐姓，号称要复兴汉室，其结果是初兴了一个匈奴族政权，如今李存勖号称要复兴唐室，结果也初兴了一个沙陀族政权——史称后唐，李存勖就是鼎鼎大名的后唐庄宗。

不过李存勖比刘渊要讨巧得多，也幸运得多，因为当年魏、晋先后兴起，汉朝都快被大家伙儿给忘得差不多了，复兴汉室的旗号连诸葛亮都打不稳，刘渊当然更打不稳，所以后来只好悻悻然撕下伪装，把国号给改成了"赵"。李存勖打出复兴唐室旗号的时候，唐朝才刚亡了不久，加上朱晃在中原胡作非为，所以是人心思唐啊。虽然不是李唐正根儿，李存勖这旗号却也打得稳稳的。那么既然是复兴唐室，他自然不能继承后梁的金德，自称水德，必须"堂堂正正"地宣称自己跟从前的唐朝一样，也是土德。

第四章
从隋到宋

后梁的金德就这么着给埋掉了,生生从五德循环里给剔了出去——没办法,胜者王侯败者寇,一个贼寇也敢有德性吗?

李存勖很会打仗,但可惜不会治国。刚把后梁灭了,他就趾高气扬地觉得统一是顺理成章的事情,从此不理国事,痴迷上了表演艺术,成为古往今来地位最高的戏剧票友。他还给自己取了一个艺名儿,叫作"李天下"。某次他一登台就连报三声"李天下",结果一个戏子冲上来给了他个大嘴巴,喝道:"理天下的只能有一人,怎能有三个?"李存勖不但不光火,竟然还夸奖那戏子忠心可嘉。

李存勖就这么唱着戏,把命都给唱没了——同光四年(公元926年),都城洛阳爆发兵变,乱军一箭就要了这位"李天下"的老命。但是李存勖虽死,后唐却并没有亡,李克用的养子李嗣源抢到了宝座,让这个土德王朝又延续了整整十年,最后亡于后晋。

后晋的开国皇帝名叫石敬瑭,本来是后唐的大将,后来跟后唐末帝李从珂闹矛盾,悍然竖起了反旗。可李从珂兵强马壮,石敬瑭打不过他,那该怎么办才好呢?古往今来,什么事情都有下限,只有人的节操没有下限,石敬瑭无路可走之下,干脆开门揖盗,去恳请契丹兵杀进中原来帮忙,不仅如此,他还公然向契丹称臣,尊奉还没自己岁数大的契丹国主耶律德光当老爹!生靠着不要脸夺取了政权。

马伯庸
笑翻中国简史

后人有骂石敬瑭是"汉奸"的，这话不大对，因为老石本来就不是汉人，他跟后唐皇室一样，都是沙陀人。

后晋继后唐而兴，土生金，于是五代中第二个金德王朝就这么着诞生了。这个金德王朝同样短命，石敬瑭死了以后，他的养子石重贵继位，还算有点儿骨气，当年石敬瑭觍着脸向契丹称臣，还认了个干爹，到了石重贵就该成孙子了，可是他孙子肯当，臣不肯当，打算断绝跟契丹哪怕只是名义上的附庸关系。只可惜石重贵和他那一票重臣光骨头硬了，完全没有本事，结果被耶律德光领兵杀入中原，直接就给灭了国。

后晋朝廷是完蛋了，皇帝、大臣不是被杀就是被擒，可是老百姓还在，一时间义兵四起，打得契丹兵是顾头不顾腚，彻底陷入了人民战争的汪洋大海之中。耶律德光没办法，只好扔下一句："没想到中国人那么难搞。"撤兵回国，走半道上就活生生给气死了。

后晋的节度使刘知远趁机雄起，建立政权，史称后汉。为什么又用上了"汉"这个国号呢？原来那刘知远也是沙陀人，刘这个姓天晓得哪儿来的，他既然找不到赐姓的来由，干脆一梗脖子直接编瞎话，说自己是东汉显宗孝明帝第八子淮阳王刘昞之后，所以如今再来复兴汉朝。当然啦，这套鬼话压根儿蒙不了人，况且隔着将近千年，也没

第四章
从隋到宋

人再怀念汉朝了,所以他也就不再承袭汉朝的火德,而是继续按照五行相生的原理,取代了晋德——后晋是金德生水,后汉就是水德。不过这家伙"德"什么已经不重要了,因为后汉天下只有短短的三年,就被大将郭威夺了位,改国号为"周"。

咱们说过,以往的历代帝国名号,基本都沿用开国皇帝登基之前的封国名或者封爵号,比如汉王刘邦、魏王曹丕、晋王司马炎,再比如南北朝时候的宋王刘裕、齐王萧道成、梁王萧衍、陈王陈霸先、齐王高洋、周王宇文觉,后来还有随王杨坚、唐王李渊,一直到梁王朱全忠。

关于朱全忠还有这么一档子事儿,想当年他打算逼唐朝昭宣帝李柷让位,大臣蒋玄晖、柳璨商量着,按照魏、晋以来的惯例,重臣就应当先封个大国,然后再接受禅让,梁是小国,不够资格怎么办?于是他们就怂恿昭宣帝下诏改封朱全忠做魏王,加九锡(天子赐给功臣的九种器物,表示最高的礼遇)。可谁想到这位"全忠"的梁王是流氓出身,最讨厌按牌理出牌,不但不肯接受,反而把蒋玄晖和柳璨给宰了,最终以梁王的身份受了禅让,这才建立起来后梁。

要是这家伙讲点儿规矩,说不定历史上会出现一个后魏呢。

拉回来说,后周的开国皇帝郭威在后汉朝,最高的名号是监国,根本就没有周公或者周王的爵号，那他为什么要以"周"作为帝国名号呢？据说，这也是跟他先祖以及五德循环相关联的。

郭威的先祖（不用说，也是自称的，不过郭威理论上还算是汉人）乃是周朝的虢叔，古代郭、虢二字相通，所以虢叔后人就自称姓郭，按照这种谱系，郭家的先祖是周王室。巧合的是，按照刘歆的新五德系统，周朝不是火德而是木德，而南北朝时候宇文氏建立的北周也是木德，郭威篡的是后汉的水德，水生木，恰好也是木德。三周皆木，这真是天意，因此这个"周"的国号真是再合适不过了。

> 周太祖广顺元年，司天上言，历代帝王以五运相承，前朝绍承水德，今国家建号周朝，合以木德代水。准经法，国以岁暮为腊。今历日所行，合以今年十二月二十二日丁未为腊。从之。臣钦若等曰：晋承后唐，汉承晋，本文不载承土之德，据周称木德，即是汉为水，晋为金，以继唐土德也。
>
> ——《册府元龟·帝王部·运历》节选

石头里冒出来的德性

后周是五代第五个,也是最后一个王朝,北边儿就此告一段落,咱们再来说说南边儿。

前面说过了,五代十国,十国里除了一个北汉外,其余九国都在南边儿。这九国其实不够有意思,那班家伙对五德学说并不怎么上心,所以称帝的多,推演五德的少。何况他们中很多人本身也有自卑心理,认为正统都在北方五代那儿,自己其实就一地方政权——比如南唐虽然称帝,但一向奉北方王朝为宗主,而钱镠的吴越、马殷的楚则连皇帝都不敢称,只是国王级别。不是正统,就没有论德性的资格,所以

马伯庸
笑翻中国简史

他们主动缩了头。

有个国家一定要提上一提，那就是前蜀。这个前蜀是王建创建的，虽然没有什么"德性"的记录，可是论起祥瑞来，却是十国中最多的。《新五代史》里一篇《前蜀世家》，几乎三分之一的篇幅都是在记述哪年哪月什么地方碰到了什么祥瑞。

比方说，就在唐朝灭亡的那一年（公元907年）正月，据说青城山上出现了巨人，然后到了六月间，万岁县又出现了凤凰，嘉阳江里出现了黄龙。更可怕的是，"诸州皆言甘露、白鹿、白雀、龟、龙之瑞"，这一个"皆"字，不禁让人满身起鸡皮疙瘩……

祥瑞太多了，这里不可枚举，我就举一个例子，便可见前蜀君臣的想象力奔放到了什么程度。前蜀武成三年（公元910年）八月，有人号称在洵阳看到了龙，而且不是一条，而是整整五十条！连修史的欧阳修本人写到这里，都忍不住说了一句：帮主，这也太离谱了吧！

欧阳修为此大发议论，说他读这篇《蜀书》，发现各种包括龟、龙、麒麟、凤凰、驺虞之类，历代都说代表帝王兴起的祥瑞，全都聚集去了该国，这可真是太奇哉怪也了。尤其是龙，龙这种东西不被人见到才显得神奇，在天上飞行着排云布雨才是它的本职工作，如今突然暴露形象，就是不神，不在天上却在水里，就是失职，至于一下子出

第四章
从隋到宋

五十条，那简直就是妖孽了。

五代十国的终点是宋朝。不过在说宋朝之前，还有一个大国得先介绍一下，那就是辽。

辽的正经国号，其实应该以族为名，叫作"契丹"。契丹的开国君主是耶律阿保机，和后唐太祖李克用、后梁太祖朱晃是同一时期的人物。虽然是契丹人，但他一直热衷于汉学，手底下重用的都是韩延徽、韩知古、康默记等一大票汉人谋士。耶律阿保机死后，他第二个儿子耶律德光继位，石敬瑭恬不知耻地来请救兵，主动献上燕云十六州，也就是今天北京市、天津市以及河北、山西北部这些传统上的汉人居住区。契丹人占了这些地方，不大会管理，但是耶律德光思路发散，干脆搞了个全新的政权模式，把官员们分成两部分，一部分管契丹、奚、蒙古、女真等游牧渔猎民族，一部分管汉地、汉人。

这种两部制，表明契丹国是蕃人和汉人的共同国家，最显著的标志是什么呢？那就是上朝的时候，皇帝、皇后同时临朝，皇帝穿汉服，皇后穿蕃服。所以很多片子里拍契丹国主在朝堂上还是皮袍、毡帽，那是错误的，他正经的打扮应该是直角幞头配圆领大衫。

再后来，石敬瑭挂了，他儿子石重贵突然夯毛不打算称臣，耶律

马伯庸

笑翻中国简史

德光就老实不客气地领兵南下，灭了后晋。本来耶律德光这回出马是不打算再回北边去的，他要在洛阳建都，在中原称尊，当真真正正的中国皇帝，然而天不从人愿，耶律德光一脚踩进了人民战争的汪洋大海，被迫狼狈逃回。从这事儿也可以看出，契丹人是把自己当中国人的，是把自己的国家当中国王朝的。所以他们对内的国号是"契丹"，但在和中原王朝，尤其是后来的宋朝搞外交的时候，为了证明自己才是中国正统，就定了个"辽"的汉式国号——不能还叫契丹，瞧着就是个少数民族，不是正统范儿。

顺道一提，因为契丹辽兵锋所指，直接西域，而无论五代还是后来兴起的宋朝，都没能对西域施加哪怕一丁点儿影响，所以当时中亚西亚一带的各国各民族，都普遍把契丹辽当成中国，从他们那儿再往西传，一直到欧洲，也都是把契丹当成中国的别名儿。

拉回来说，既然连中国式的国号都敲定了，那么中国王朝名义上传承了好几千年（实际就一千来年）的五德学说，他们当然不敢不理。可最大的问题是，契丹辽和中原王朝向来没太大瓜葛，这个"德"不好联系啊。

契丹第二任国主，后来被称为辽太宗的耶律德光，只好把目光投向了自己的老祖宗。他倒是够明智，没去认一个八竿子打不着的中原

第四章
从隋到宋

王朝当祖宗,而是老老实实地在祖先的神话传说里找因由。根据契丹族起源神话,最初有一个男子骑着白马,在辽水边碰到一位驾着青牛车而来的女子,二人结为夫妇,生下了八个男孩,也就是契丹八部的始祖。契丹族在辽水边诞生,所以这个德性嘛,当然就该是水德啦。

于是经过这么一个推导过程,总算是找到了契丹应水德的理由,并且因此定下了中国式的国号——"辽",用以纪念本族的母亲河。所以说契丹辽的水德跟北魏的土德很类似,不是五德循环,相生或相克而出的,而是横空出世,石头里冒出来的。

> 呜呼,自秦、汉以来,学者多言祥瑞,虽有善辨之士,不能祛其惑也。予读《蜀书》,至于龟、龙、麟、凤、驺虞之类世所谓王者之嘉瑞,莫不毕出于其国,异哉!然考王氏之所以兴亡成败者,可以知之矣。或以为一王氏不足以当之,则视时天下治乱,可以知之矣。
> 龙之为物也,以不见为神,以升云行天为得志。今偃然暴露其形,是不神也;不上于天而下见于水中,是失职也。然其一何多欤,可以为妖矣!凤凰,鸟之远人者也。昔舜治天下,政成而民悦,命夔作乐,乐声和,鸟兽闻之皆鼓舞。当是之时,凤凰适至,舜之史因并记以为美,后世因以凤来为有道之应。其后凤凰数至,或出于庸君缪政之时,或出于危亡大乱之际,是果为瑞哉?麟,兽之远人

马伯庸
笑翻中国简史

者也。昔鲁哀公出猎，得之而不识，盖索而获之，非其自出也。故孔子书于《春秋》曰"西狩获麟"者，讥之也。"西狩"，非其远也；"获麟"，恶其尽取也。狩必书地，而哀公驰骋所涉地多，不可遍以名举，故书"西"以包众地，谓其举国之西皆至也。麟，人罕识之兽也，以见公之穷山竭泽而尽取，至于不识之兽，皆搜索而获之，故曰"讥之也"。圣人已没，而异端之说兴，乃以麟为王者之瑞，而附以符命、谶纬诡怪之言。凤尝出于舜，以为瑞，犹有说也，及其后出于乱世，则可以知其非瑞矣。若麟者，前有治世如尧、舜、禹、汤、文、武、周公之世，未尝一出，其一出而当乱世，然则孰知其为瑞哉？龟，玄物也，污泥川泽，不可胜数，其死而贵于卜官者，用适有宜尔。而《戴氏礼》以其在宫沼为王者难致之瑞，《戴礼》杂出于诸家，其失亦以多矣。驺虞，吾不知其何物也。《诗》曰："吁嗟乎驺虞！"贾谊以谓驺者，文王之囿，虞，虞官也。当谊之时，其说如此，然则以之为兽者，其出于近世之说乎？

夫破人之惑者，难与争于笃信之时，待其有所疑焉，然后从而攻之可也。麟、凤、龟、龙，王者之瑞，而出于五代之际，又皆萃于蜀，此虽好为祥瑞之说者亦可疑也。因其可疑者而攻之，庶几惑者有以思焉。

——《新五代史·前蜀世家》节选

点检作天子

后周显德七年（公元960年）正月，镇州和定州急报，说契丹和北汉联兵南下，侵扰疆土，于是朝廷就派殿前都点检赵匡胤率军前去抵御。可是意想不到的事情发生了，禁军刚离开京城，才走到陈桥驿的时候，突然就闹起了哗变，随即哗变军官把一件黄袍子披在赵匡胤身上，拥戴他做皇帝。赵匡胤立刻回师，推翻后周，建立了一个全新的王朝。

咱们前面说过，明黄色的龙袍得到清朝才成为定制，在此之前，黄色虽然也算是比较高贵的颜色，普通平民不让穿，可还不是皇帝专用的颜色,这次事变里出现了"黄袍"这一道具,纯属偶然。比方说,一百六十多年以后,契丹覆灭前夕,燕京的大臣们拥戴耶律淳当天子,给他披的就是赭红袍。不过,"黄袍加身"这个成语就这么着流传了下来,代表着某人主动或被动地称了皇帝。

赵匡胤的篡位,也相关着一则谶谣。据说当后周那位雄才大略的世宗柴荣还活着的时候,也不知道哪儿出现的流言,说:"点检作天子。"所谓"点检",全称是"殿前都点检",也就是禁卫军总司令,而当时担任这一要职的,乃是卫国公张永德,是太祖郭威的女婿。柴荣本身是郭威老婆的侄子,被郭威收为养子,所以论起继承权来,他跟张永德是半斤八两,都不算最正统——没办法,郭威没有活的儿子,只好把内侄当儿子了,可女婿也有"半子"之称,张永德同样也有继承皇位的资格。

所以柴荣听到这则谶谣,心里就犯了嘀咕,本着宁可错杀不可放过的原则,干脆免除了张永德的职务,而让自己的亲信大将赵匡胤接任殿前都点检一职。这就跟当年隋炀帝杀李浑一样,自作聪明地以为谶谣就落在某人头上了,可是想不到天下姓李的多了去了,杀了一个李浑,还有李密、李渊,或者别的什么李某。柴荣以为"点检作天子"是应着张永德,以为只要不让张永德做殿前都点检,自然天下太平,

第四章
从隋到宋

他可没想到,下一任殿前都点检赵某才是真正应运而生之人……

还是赵匡胤聪明,当皇帝没几年,就找个借口把殿前都点检这职务给撤销了——干脆堵死源头,以后什么张某、赵某,还有当时正当着这个职务的慕容延钊,全都再不能拿这则谶谣说事儿了。

赵匡胤此前跟郭威一样,没有爵号、国号,所以他定新王朝的名字为"宋",纯粹因为首都在开封,春秋战国时代属于宋地。宋朝跟前面的短命五代不同,虽然没能统一天下,但基本中原地区是占住了,南北宋政权延续了三百多年。所以我们可以看到,汉朝以后,除了少数外族政权外,大多数王朝包括割据势力,都用中原的地名,更准确点儿说,是用某地相对应的周代诸侯名做国号。周朝号称八百诸侯,其实留下名字的不过一百挂零,其中还有很多实在太弱小让人瞧着就来气的,所以真正能用的名号并不多。由此一来,重名的王朝、王国就多了去了,使得历史学家们必须在前面加个字才能搞清楚谁是谁——比如北周、武周、后周,比如东晋、西晋和后晋,比如南梁、后梁。五代五个王朝,为此就都带个"后"字。照道理说,宋朝前面还有南朝刘裕所建的宋国,它也应该叫"后宋",可是碰上这个朝代太繁荣、太漫长,所以摇身一变成了正根儿,前面不用加字,就叫作"宋"——至于南宋、北宋,则跟东汉、西汉,东晋、西晋一样,只是代表王朝

马伯庸
笑翻中国简史

的两个阶段而已。

赵匡胤篡了后周，建立宋朝，后周前面说了，属木德，于是五行相生，木生火，宋朝又该循环到火德，服色尚赤。这是宋初就稳稳确定下来的，完全没有争议。

可是（咱们又该可是了），就像唐朝当年以土德继承了隋朝的火德以后，过了几十年，突然跳出个大文学家王勃来表示不满，要求删光前面的几个朝代，直接继承汉朝的正统。这一回，宋朝也碰到了同样的闲人，不过他的名声可没有王勃响亮。

太平兴国九年（公元984年）四月，当时坐在开封皇位上的，乃是宋太祖赵匡胤的兄弟太宗赵光义，突然有个名叫赵垂庆的平民东施效颦也学王勃上疏，说本朝如此辉煌，就应该跳过那乌七八糟的什么五代，直接上承唐朝，定德性为金德。再者说了，就算不删掉五代，后梁取代了唐朝，后唐又取代了后梁，这么一辈辈排下来，到咱这儿也应该是金德了。

赵垂庆明显偏科严重，数学略通，历史太差，完全给算错了。这家伙以为五德轮替的顺序应该是"唐（土德）—后梁（金德）—后唐（水德）—后晋（木德）—后汉（火德）—后周（土德）—宋（金德）"。

第四章
从隋到宋

可惜这只是理想状态而已，事实上后唐压根儿就没把后梁当成正统王朝，自己也不新建德性，而是直接扛起了唐朝的大旗，上应土德，而不是水德。所以继续推演下去，宋朝就该是火德，不能是金德。

宋朝的国策就是善待文人士大夫，所以赵光义没让人一顿乱棍把赵垂庆给轰出去，而是把他的上奏交给大臣们讨论。有位常侍徐铉，原本是南唐的重臣，算当时数一数二的国学大师，他一眼就瞧出了赵垂庆的漏洞所在。他说，唐朝虽然灭亡了，却有后唐拨乱反正，所以正统循环得从后唐起算，我皇宋还该是火德。为了加强说服力，他还援引了唐玄宗时候崔昌献议的例子，以证明赵垂庆犯的是硬伤，辩无可辩。这桩风波也就此平息，然后，咱们还得继续，可是……

大中祥符三年（公元1010年）九月，宋真宗赵恒在位的时候，开封府有位功曹参军名叫张君房，再次跳出来闹事，上疏劝说朝廷把德性改成金德。

不过这一次和上次不同，张君房不再在"五德"上绕圈子，而是开辟第二战场，大谈祥瑞征兆。要知道那宋真宗是个极度迷信的家伙，尤其痴迷祥瑞，对他说上天降瑞，那要比推演五德更有说服力。你还别说，张君房真的搜集到了，或者说编造出了不少证据：

马伯庸
笑翻中国简史

其一,当后周恭帝柴宗训把皇位禅让给宋太祖赵匡胤的时候,也就是公元960年,按照传统的干支纪年法,正是庚申年,天干配五行,庚属金,地支配五行,申也属金位,二金合一,这难道不正是上天的预告吗?其二,宋太宗在太平兴国年间,曾经在都城汴梁城西开凿过一个池子,起名叫"金明池",为啥不叫水明池、火明池而要叫金明池呢?这肯定跟德性有关啊。其三,就在前些年,丹徒进贡了一头白鹿,姑苏进贡了一只白龟,而陛下您在封禅泰山的时候,又有人在山东献上白兔一只,郓州也发现一只金龟——白为金色,金像白色,这些祥物也都预兆着大宋该是金德啊!

这一回的论据不能说不充足,但可惜,张君房上疏的时机不对,宋真宗那时候正忙着去汾阴祭祀后土呢,没空搭理他这茬儿,于是这再一次变火为金的"逆流"也惨遭失败。

隔了不久,到天禧四年(1020年)五月,又一个闲人蹦了出来,光禄寺丞谢绛上疏说道:"当年汉朝跳过暴秦直接继承了周的火德,为火德;我皇宋也应该如法炮制,跳过五代继承唐的土德,所以不该是火德,而该是土德。"这一回比前两次更不像话,一瞧就知道谢绛这人历史没学好。我们知道,在驺老教授的"五德相胜"系统下,周朝才是火德,汉朝则是土德;而在刘向、刘歆爷儿俩的"五德相生"系统

第四章
从隋到宋

之下,周为木德,汉则为火德。这谢绛根本是把两套系统给弄混了。

与此同时,大理寺丞董行父也上疏,坚持认为宋朝该是金德,还是老一套的理由,说宋朝应该跳过五代,上应唐朝土德云云。既然对方拍的是"火星砖",宋真宗也就懒得跟他们费嘴皮子,直接引用当年徐铉发的"火星帖",回答说大宋是受了后周的禅让,这么把人家一脚踢开良心上过不去,您就别跟这儿废话了。

如此这般,虽然下面不断有人哼唧着要改德、要改德,但宋朝的火德却是始终没有变过。

举例来说,北宋有一位书法大家,名叫米芾,他有一方书画印,印文是"火宋米芾"四个大字,证明了宋为火德,是当时士大夫阶层普遍的认知,张君房、谢绛之类全都非主流。对于这方印,米芾还特意写过一段文字来做解释,他说:"正人君子的名字都很端正,而纪年纪岁,也都应端正。从前有'水宋'(指南朝刘宋是水德),所以今天要用'火宋'来加以区别。"

第五章

宋代以降

马伯庸笑翻中国简史

宋人的正统论

宋代官方推定的德性是火德，下面有些非主流叽叽喳喳的，根本动摇不了大局。可是事实上，这些争论已经是五德学说的回光返照了。从北宋开始，终于有明白人对这个延续了一千多年的奇怪学说感觉到了腻味，并开始对它进行猛烈抨击。

并不是说从前就没有明白人，大家都一样浑，只是就算犄角旮旯里偶尔有几个明白人，却聚不成潮流，形不成气候，他们的抨击也都淹没在了历史大潮和浩瀚典籍之中，很难翻找出来，乱世里面没人有闲空儿搞学术反思；相反，哄抬五德来给统治者添光彩，从而求赏点

马伯庸
笑翻中国简史

儿残羹剩饭的家伙倒是不少,这暂且不论。汉朝从武帝开始"独尊儒术",到了元帝干脆"纯任德教",汉儒的祖师爷是董仲舒,集大成者是刘歆,这两位大宗师都点头的理论,当然没人敢反驳啦。唐人浪漫主义气息浓厚,咱们前面说了,无论文学家还是艺术家都最喜欢这一类准行为艺术,所以也不怎么会去批评。宋朝不一样,相比唐人,宋人重理性,宋诗就因为太讲理而被后来很多人骂没有诗味儿,再加上老赵家利用科举制度和冗官政策培养出一个规模空前的官僚集团来,大票闲人吃饱了饭没事儿干,就只能去故纸堆里钻研学问喽。

对于五德学说,第一个跳出来发难的是大儒胡瑗,此人字翼之,是理学先驱,被称为"宋初三先生"之一(还有两个是孙复和石介)。胡瑗写过一部《洪范口义》,从五德学说最早的理论基础《洪范》开始批评起。

那么《洪范》又是啥呢?我们知道,儒家经典里有一本《尚书》,又叫《书经》,据说汇编了从唐尧、虞舜直到周代的好多篇官方历史文献,其中就有一篇《洪范》,据说其内容是商朝遗老箕子向周武王所传授的"天地之大法"。

根据考证,《尚书》中很多篇章都是后人伪造的,而就算那些真正的古代文献,也都被历代儒家给篡改得面目全非了。至于《洪范》,估

第五章
宋代以降

计是春秋甚至战国时代某些闲人的作品,因为里面提到天帝赐给大禹以治理天下的九种大法,即九畴,包括五行、五事、八政、五纪、皇极、三德、稽疑、庶征、五福和六极。瞧,里面提到五行了,五行就是春秋时代阴阳家们现搞出来的,无论箕子还是周武王全都不可能听说过,而且五行理论也正是五德学说的基础。

胡瑗写《洪范口义》,其主旨就是重新阐述汉儒所说的"天人感应"。"天人感应"跟五德一样都说了一千多年了,胡瑗不可能全都给驳了,况且要是驳了这一点,那么君主"受命于天"云云也都没了基础,摇摇欲坠,胡瑗还要脑袋呢,他不敢这么干。他只是认为汉儒相信谶纬的行为非常可笑,认为上天是利用人的努力来达成其意志,跟什么祥瑞啊、符谶啊,还有五行什么的没有任何关系,那些全都是歪理邪说,根本违背了至圣先师孔老夫子的本意。

孔子说人事,不说天事,怎么,你们以为自己比孔子还要高明吗,竟然直接说起天事来了?而且还是用五行生克之类无稽之谈来妄测天意,说好了是瞎子摸象,说差了纯粹满嘴跑火车,没一句实在话。

胡瑗老先生开了第一炮,炮打五德的基础五行,接着他出手的是郑獬,乃是宋仁宗皇祐五年(公元1053年)的状元公,也写得一手好诗词。郑獬抛出一篇《五胜论》,继续批判阴阳五行。但他们二位都

马伯庸
笑翻中国简史

只是这场"倒五"风潮的先锋官而已,很快,大将就要上场了,那就是位列"唐宋八大家"之一的大文豪、大史学家——六一居士欧阳修。

欧阳修和宋祁一起当主编,修过《新唐书》,后来又自家编了《新五代史》。我们知道,古代王朝最讲究"正统",也就是说,凡是胆敢称皇帝的家伙,都必须严正声明老爷我才是华夏历代传承的正根儿,同时代的别家都是篡逆,是僭伪,是上不了台面的山野蟊贼。所以研究历史,不可能回避这个"正统"问题,欧阳修就是运用正统的武器向五德猛烈开炮的。

欧阳修写过一篇《正统论》,他说,啥叫"正统"?自古以来成就王业的朝代,必然有极强的德性以承受天命,或者是功绩泽被苍生,或者是靠着好多代的积累才能成功,怎么可能光靠着一种道德、一种德性呢?

继而,他提出了一个全新的概念,叫作"绝统"——"大家说到正统,都想让正统始终延续,从不断绝,一旦事实跟理论不符合,那就生造一个概念接续下去,所以这理论总也说不通。其实啊,正统是有可能断绝的。"欧阳修认为,只有那些"控制了中原地区,并且基本统一天下的朝代"才能叫正统,各种割据的小政权、偏安的小王朝,那都不能算是正统。以此为基础,他先把东晋南北朝给剔除出正统之外,后

第五章
宋代以降

来到了晚年重修这篇《正统论》，又把三国和五代也给撇了。

这就从根本上宣布了五德学说的破产。

为什么这么说呢？因为按照五德学说，不管是骆老教授的旧版本也好，还是刘歆大国师的新版本也好，世袭传承都是一根儿到底，延绵不绝，中间没有丝毫磕巴的，只有这样，才能说明王朝的更替确实跟五行相配的五德相关，或者一个生一个，或者一个克一个。要是中间出现了断层，那相生相克的圈子就画不圆了，自然理论也就说不通啦。

但是我们说过了，为了政治需要，历朝历代都没有按照最完美的模式去推演五德，要么故意剔掉某个朝代，要么突然接上好几百年之前的朝代，五德循环的这块料子已经被人为地撕成很多破布条了。行，你可以说某些王朝或者国家不算正统，不是正统自然就不配谈德性，可你也得在同时代另提出个正统来才行啊，要不然循环就缺了口啦。好比说按照王勃的《千岁历》，得让唐朝的土德接上汉朝的火德，可是汉朝都被灭了将近四百年了，你说这都熄了那么长时间的火，打哪儿再生出土来？那土不是凭空冒出来的吗？

——你还别说，北魏一开始定的土德，还有契丹辽自己定的水德，就都是凭空冒出来的。

总而言之，王勃之流属于想一出是一出，他们搞不出个真正严丝

马伯庸
笑翻中国简史

合缝、任何朝代都说得通的系统来；但你要是真想出这么个系统，那碰上的问题就太多了，话怎么说都说不圆。当初驺老教授的系统很简单，也就虞、夏、商、周四个朝代，不会有太大问题，刘歆大国师倒是拟了个复杂的，可是一多半儿都是传说中的朝代，由得他说嘴，即便跟真实情况完全不符合也没人能驳。汉朝以后，天下大乱，三分鼎立，然后又是东晋南北朝、五代十国，一拨儿接一拨儿地乱，这系统就彻底搞不定了。

当那位历史不及格的赵垂庆先生要求宋朝接续唐朝的土德，改成金德的时候，官员们就纷纷驳斥，理由是："五德循环更替，都是紧接着的，不可能有空当，咱们怎么可能跳过好几家王朝，继承那一百年前的运数呢？"官员们的理论是没错，可你要让他们把秦汉以来一千多年的五德循环都仔细捋上一遍，不留空当，估计也全得疯。

所以欧阳修提出了"绝统"概念，说正统是会断绝的，就此一棍子把五德理论搂头打翻。他说："什么五行轮替，一家衰亡一家兴盛，那都是江湖方士拿来骗钱的说法儿，什么'王朝兴衰都由五德操控的'，这纯粹是胡扯！"进而他旗帜鲜明地认为各种天灾异变都是自然现象，跟人事彻底无关，谶纬、祥瑞都是瞎联系，矛头直指董仲舒和刘向、刘歆等儒学大宗师，说他们是"胡言乱语，妄测天意"。所以从《汉书》

第五章
宋代以降

以来，很多史书里都夹杂着一篇《五行志》，专门讲述种种荒诞不经的奇事儿，欧阳修在编《新唐书》的时候虽然也被迫将其保留，但只记录相关事实，完全不跟人事扯到一起，如前所述，对于前蜀那些超级不靠谱的扎堆的祥瑞，还狠狠一通冷嘲热讽。后来再编《新五代史》，既然是他自己一个人干的，就干脆不搞这种花活儿了。

> 惟十有三祀，王访于箕子。王乃言曰：呜呼！箕子。惟天阴骘下民，相协厥居，我不知其彝伦攸叙。箕子乃言曰：我闻在昔，鲧堙洪水，汨陈其五行。帝乃震怒，不畀洪范九畴，彝伦攸斁。鲧则殛死，禹乃嗣兴，天乃锡禹洪范九畴，彝伦攸叙。初一曰五行，次二曰敬用五事，次三曰农用八政，次四曰协用五纪，次五曰建用皇极，次六曰乂用三德，次七曰明用稽疑，次八曰念用庶征，次九曰向用五福，威用六极。
>
> 　一、五行：一曰水，二曰火，三曰木，四曰金，五曰土。水曰润下，火曰炎上，木曰曲直，金曰从革，土爱稼穑。润下作咸，炎上作苦，曲直作酸，从革作辛，稼穑作甘……
>
> ——《尚书·洪范》节选

某看天上

欧阳修写《正统论》，分析哪些朝代可以算正统，哪些不能算，其核心在于对前人的种种肆意妄为提出诘问。比方说，汉人说秦朝不算正统，因为秦始皇不修礼乐，并且严刑峻法，那么欧阳修就问了：秦国不是从秦始皇开始的，那么，既然不因为桀、纣狂暴而把夏、商都排斥掉，凭什么因为秦始皇一人的狂暴，就要阉割了秦朝呢？

再比如说，有人认为东晋是正统，欧阳修就反驳说，东周接替西周为正统，那是对的，因为周平王本来就是周幽王的太子，而且周朝虽然东迁，天下动乱，但没有别人敢于树立新的天子权威。可是东晋呢？

第五章
宋代以降

晋元帝司马睿压根儿就不是正牌继承人，只是妄自称尊的一镇藩王而已，而且中原到处都是篡僭，他都不敢讨伐，有什么资格称为正统？

还有人认为北魏是正统，欧阳修又反驳说，北魏不过是篡僭的夷狄，哪配称正统呢？

所以说了，东晋南北朝的时候，东晋也不是正统，北魏也不是正统，那时候根本就没有正统，即所谓"绝统"。正统有时而绝，不是一朝紧接着一朝的，那么五行相胜，隋朝胜了哪个正统？五行相生，隋朝又从哪个正统里生出来？纯粹胡扯嘛。

欧阳修这篇《正统论》一出来，立刻舆论哗然，各派闲人纷纷起而辩论。首先有章望之写《明统》来跟欧阳修商榷，后来苏轼也写《正统论》——哪个朝代算正统，哪个朝代算"霸统""偏统""窃统"，等等。一系列诡异的名词全都出炉，一直争论到清初的王夫之。可是他们大多是在讨论历史问题，没跟着欧阳修继续对五德学说下刀子。

相反，还有某些人借着论正统，继续哄抬五德。比方说跟欧阳修同为散文大家、推动古文运动的尹洙，他就曾经说："天地有恒定的方位，历法有恒定的参数，社稷有恒定的君主，人民有恒定的信奉，所以所谓君主啊，必须配合天地方位和历法参数。"这还是在说人事跟虚而又虚的所谓天意、运道、历法有关联。

马伯庸

笑翻中国简史

跟欧阳修一样是历史学家、曾帮忙修过《新唐书》的张方平则写了《南北正闰论》，说："凡帝王兴起，必然要接受上天的符谶，按照正道更改名号，定下大一统的制度，推算历法以应合五德……"话里的意味就更明显了。

张方平对于东晋南北朝，是坚持以北魏为正统的，对于欧阳修的发问，他回答说："夷狄又怎么了？夷狄入中夏便是中夏。想当初夏禹出自东夷，周文王出自西羌，得了天下以后，不都变成正统了吗？为啥北魏就不能算呢？况且，汉朝把秦朝当闰统，直接继承灭亡了近七十年的周朝，以此推论，北魏也可以继承灭亡了七十年的西晋嘛……"

好吧，他这儿凑时间来了。按照张方平的说法，正统是不会断绝的，但是有可能靠个"闰"来过渡，只要这么过渡一下，五德自然就接上了——左右不过六十多年，长乎哉？不长也。

真正的大地震是从王安石开始的。我们知道，王安石辅佐宋神宗搞变法，他的变法对与不对、成或不成，暂且不论，我们要说的是，变法运动在当时遭到了保守派的疯狂攻击，而保守派所利用的一大武器就是与五德联系紧密的天灾异象。一旦碰上点儿什么风吹草动，保守派就会跳出来说："你瞧，老王又惹老天爷不高兴啦！"仿佛他们执

第五章
宋代以降

政的时候就风平浪静，不发大水，不闹旱灾，连流星都全藏了起来不敢见人。

对于保守派的这些论调，变法派当然要加以驳斥，于是他们针锋相对地坚持说天灾都是自然现象，跟人类的吃喝拉撒睡根本就没有必然联系。王安石本人就曾经说过："天变不足畏，祖宗不足法，人言不足恤。"意思是不管天象有什么变异，祖宗有什么成法，士大夫有什么反对意见，我全当他放屁，我行我素，不撞南墙不回头。这话实在太狂了，后人就有评价说，你老兄啥都不怕，都不在乎，那权力靠什么来制约？做好做坏靠什么来评判？不过由此也可反推出来，当时反对变法的人主要是用所谓"天变"、祖宗成法以及百姓的抗拒心理来扯王安石后腿的。

虽然最后王安石变法失败了（他那么狂，不失败也难啊），但经过这么一番论战，更准确点儿说是经过这么一番折腾，五德学说不禁元气大伤，在士大夫心目中的地位也直线下降。

可虽然直线下降，但还没到如同过街老鼠一般人人喊打的地步，理由很简单，因为统治者还用得着啊。比方说，南宋那位理学大宗师朱熹对于正统的观念跟欧阳修很相似，只不过他不说"绝统"而说"无统"罢了，只不过欧阳修在三国问题上尊曹魏为正统，朱熹尊蜀汉为正统罢了，教学大纲差不太多，只是在划重点上有点儿分歧。但是朱熹并不反五德，他的学生沈僩曾经直截了当地问他："五德相生相胜的两种说法，历朝历代建国的时候都不废除，真的有道理吗？"朱熹回答说："应该是有道理的，只是从前那些推算五德的家伙都没有算对。"可到底怎么样才能算对呢？朱熹却没明说。

他还有一个弟子，名叫金去伪，也问过类似的问题，朱熹回答说："万物都离不开五行，所以五德的说法也就肯定有道理。为什么算不对呢？主要是因为远古的那些事情，经书上都记载得太过简略。"金去伪又问了："那么五德循环，不知道是相生对呢，还是相克对呢？"朱熹明确地指点他："相生对。"

朱熹本人是很唯心的，所以不可能破五行，也不可能破五德。他唯心到了什么程度呢？比如关于天上星辰是左旋还是右旋的问题，历代搞天文的专家都在反复观测、计算和争论，但到了朱熹这儿，简单一句"某看天上"，没别的理由，就把右旋说一棍子打倒。所以对于五德也是如此，朱熹光说有道理，可偏偏就不告诉你道理在哪儿。

总而言之，五行是五德的基础，所以一个人只要相信阴阳五行，那就不可能不信五德，不先破了阴阳五行，五德学说仍然是有根之草（虽然这根儿本身就有问题），不可能忽然之间就灰飞烟灭。

第五章
宋代以降

夫帝王之作也，必膺箓受图，改正易号，定制度以大一统，推历数以叙五运，所以应天休命，与民更始。

西晋之乱，九区分隔，琅琊播迁于江左，实绍金行。拓跋奋起于云方，奄居神县。盖五郊禋祀，南北不可并享，三统相承，正闰宜归一致，今夫以晋为闰耶？未闻革命所传，以魏为正耶？实匪中华之旧，大兴之兆，决谁处之。夫晋之渡江也，遗中服之雅俗，据吴人之旧土，齐梁之后，风教荡然，危弱相承，礼刑不立，五代四姓，浸微以灭，上无所授，下无所归，虽欲正之，人谁适从。且大岗盘庚之迁亳，周平王之都洛，不出王畿之内，如归别馆之中，兆庶实从，不失旧物，比夫身居藩翰，观望本朝，进不扶危，退而正号，非同论也。至如太伯之奔勾吴，不得谓之姬矣，昭烈之兴巴蜀，岂可以为汉哉？魏氏先实漠北，控引朔、代，南平燕、赵，遂通秦、凉，出今作法，变风迁俗，天地有奉，生人有庇，且居先王之位，宅先王之国，子先王之人矣。则是夏禹之出东夷，文王之祚西羌，爰集大命，以抚方夏。诗书所载，谓之何哉。前世大儒断南北之疑者，所以正魏也。或曰二帝三王，应天承运，必讴谣之先归，故人神而协赞，秦迁周鼎，汉受秦降，虽仁暴不同，亦传授有所。元氏起于参合，践食上国，谓之受命。晋祀实存，谓之中国，则刘聪僭据，乃陶唐之冀方；苻秦所都，实宗周之咸、镐。若其审定王居之次，推考生胜之法，偏闰相承，夫何足尚。曰，刘、石、苻、姚世祚短浅，欲正其名，无名可正。魏之霸业，肇自皇始。典法明著，成于太和。内无强臣，孰与苏、桓之逼。间有中主，未若宋齐之季。虽末世尔朱之变，而

马伯庸
笑翻中国简史

建康易三姓矣。

  唐以土承隋,隋以火继周,周以木变魏,魏以水而绍金。昔汉祖之正号也,去姬氏之灭几六十年,闰霸秦而继周,著为火德,识者以为得天统。魏氏之推历也,去愍怀之亡亦六十年,舍四僭而踵晋,定为水行,议者以为当正位。推晋而上,至于伏牺氏出震而王天下也,帝王之大统明矣。谨论。

——《南北正闰论》

金人偏偏是土德

老话说："墙里开花墙外香。"五德学说虽然逐渐在汉人王朝受到一定冷遇，但东方不亮西方亮，它却被少数民族们相中了——少数民族们要假装有文化，假装是中华正统，那么拿这套华而不实、神神道道的理论来涂脂抹粉，那真是再方便不过了。

契丹辽咱们前面说过了，下面再来说说西夏。西夏是党项族在宋初建立的国家，国王的老祖宗原本姓拓跋（是真是假不好说，不过基本上跟北魏拓跋氏没太大关系），后来受唐朝赐姓李，又受宋朝赐姓赵，到了元昊的时候干脆自立，而且还新定了一个国姓，叫作"嵬名"。跟

马伯庸
笑翻中国简史

契丹辽一样,所谓"西夏"是后人对他们的称呼;所谓"大夏"是他们跟中原王朝打交道的时候假装华夏正根儿而起的汉名;他们称呼自己的时候,用的可是"大白高国"或者"大白上国"。

那么西夏有德性吗?也有。当时在中国大地上其实共有四个国家,北边是契丹辽,中央是北宋,西北是大白高国,西南有大理,再往西青藏高原上还有吐蕃诸部,但不算一个完整的国家。除了大理外,其余三国都有德。其实从"大白高国"这个名字就可以猜出来了,白是金之色,所以西夏是金德,尚白。有趣的是,几百年前赫连勃勃的大夏,其统治中心跟西夏很接近,名号也雷同,竟然连德性也一模一样,西夏是不是跟他们学的呢?这可还真不好说。

说完西夏,咱们再来说说女真族建立的金朝。女真生活在白山黑水之间,他们跟契丹人不同,不是游牧民族,而是渔猎民族,曾经一度臣服于契丹辽,后来一看契丹政权日益腐朽,于是首领完颜阿骨打干脆扯旗造反了。契丹辽的中后期,女真又叫女直,为什么叫女直呢?原来契丹辽有一位皇帝大名叫耶律宗真,他一听怎么着,有个部族竟然也敢叫"真",犯了老爷我的讳了,这还了得?于是就删掉女真的"真"字下面那个"八",给改名女直了。

第五章
宋代以降

话说女真族刚起兵的时候,那真是哆哆嗦嗦、胆战心惊,生怕打不赢契丹辽的百万大军,还着急派人去跟宋朝接上了头,商量着南北夹攻。谁想那时候契丹政权真是烂到根儿上了,护步达冈一战,女真两万人马竟然完胜契丹七十万大军。随即女真军大踏步前进,很快就灭掉了契丹辽,并且顺带手把北宋也给灭了。宋康王赵构一路南逃,最后终于暂且在今商丘站稳了脚跟,建立起了南宋。

女真族建立的金朝,几乎是一转眼就基本拿下了黄河流域大片汉土,而且他们没搞契丹辽的两部制,所以汉化速度超快。灭辽的时候,完颜阿骨打年岁已经很大了,在前线带兵打仗的大多是他的儿子、侄子,这票小伙儿都前后脚起了汉名,什么完颜宗望啊、完颜宗翰啊、完颜宗弼啊——听过评书《岳飞传》的朋友们都知道,女真大太子是粘罕,四太子是兀术,这是本名,其实粘罕就是完颜宗翰,兀术就是完颜宗弼。

不仅是宗室将领们,就连皇帝都起汉名——初代太祖完颜阿骨打又叫完颜旻,二代目太宗完颜吴乞买又叫完颜晟,三代目熙宗完颜合剌又叫完颜亶,四代目海陵王完颜迪古乃又叫完颜亮,五代目世宗完颜乌禄又叫完颜雍……完颜亮和完颜雍都是超级汉化分子,写诗作文,跟汉族士大夫没啥两样,尤其完颜亮还把都城从上京会宁府给迁到了燕京析津府,也就是今天的北京市,正式待在汉地而不是女真族的东

马伯庸
笑翻中国简史

北老家了。所以五德之类的玩意儿嘛，就算几个老祖宗想不起来搞，这两位也一定会大搞特搞一番的。

大定三年（公元1163年）年底，金世宗完颜雍举行"腊祭"，也就是在腊月里打猎，并且搞祭祀把猎物奉献给祖先，他就此正式下诏，定德性为金德。两年以后，他又跑去长白山封山祭祖，册文里就明确说了："厥惟长白，载我金德。"

这事儿不能想当然。金朝取名为"金"和定下金德之间并没有必然的联系。前面说了，契丹族出于辽水，所以汉式国号叫"辽"，女真族也一样，因为老家"按出虎水"在女真语里就是"金水"的意思，所以就定国号为"金"。另外还有一种并不很靠谱的说法，是说完颜阿骨打认为契丹的意思就是镔铁，可是镔铁虽然硬，总会生锈，不如金子来得万年不朽，所以就定名为"金"了。

因此，女真族建国就叫金国，跟五德学说完全无关，那时候他们才刚从深山老林里摸出来造契丹辽的反，估计就没人知道啥叫五德，更别说生克了。估计是隔了好多年以后，他们中原花花江山也坐稳了，大票汉族文人也当了官儿了，终于有人想起来五德这茬儿，就去跟完颜雍请示德性。完颜雍一琢磨，我国就叫金，又喜欢穿白衣服，那甭问啊，这是老天爷预示该是金德啊，行，就这么定了吧，多简单，多

第五章
宋代以降

省事儿。

金朝这个金德是望文生义，凭空捏造出来的，没法塞进五德循环里去。你想啊，要是从契丹辽算，辽是水德，水生木，土克水，要是从北宋算，宋是火德，火生土，水克火，都没金什么事儿。

所以到了金章宗完颜璟的时代，金朝群臣就针对本朝德性爆发了一场大辩论，而且比前朝哪一回都更热闹——真奇怪，似乎每一次关于德性问题，讨论得最热闹的都是少数民族政权，比如上回在北魏也吵得极其华丽。

在这场大辩论中，主要派系分为三个：一派主张继承宋朝的火德，火生土，咱得是土德；一派主张继承契丹辽的水德，水生木，咱得是木德，理由很简单，辽、金都是打北边儿过来的，算一家子嘛；还有一派最奔放，痛痛快快地建议说连北宋带五代咱全不要，咱大金直接继承唐朝的土德，为金德吧。其实这第三派既可以说是奔放，也可以说是保守，那意思咱别改德了，只要找出瞧着还比较合适的理由就得。于是乎，这一竿子就跳过去二百来年——还好，还没打破王勃三百九十多年的世界纪录，到底是少数民族啊，在敢想敢喷方面怎么也比不过中原的士大夫。

马伯庸
笑翻中国简史

对于这三种意见,金章宗表面上全都予以考虑,由得你们各自分说理由,其实心里早就意有所属了。他支持第一种意见,让金朝继承宋德,改德为土。根据专家分析,这位金章宗已经汉化得相当深了,是个"哈中"的"大菠萝"——皮黄里面更黄。所以觉得只有北宋才算系出正统,是真真正正的中国王朝,咱必须得从它那儿继承德性才行。

于是到了泰和二年(公元1202年),金章宗终于下诏,正式宣布把德性改为土德。以后咱不再穿白褂子了,改穿黄马甲。

可是隔了才十来年,到金宣宗的时候,突然又有人引发了新的辩论——这金朝君臣想来是开会开上瘾了——这一回上疏的是辽东宣抚副使完颜海奴。据说完颜海奴手下有一个叫王浍的汉人官员告诉他,大金朝的祖先乃是上古圣君高辛氏,是黄帝的后裔,又说本朝刚兴起的时候,旗帜都是红色的,因而完颜海奴就请示金宣宗,咱是不是应该尚火德啊?

对于这类琐事,金宣宗还是很民主的,把群臣全都叫来,让大家商量一下,评评这个建议怎么样。于是又一位汉人大臣张行信站出来了,他一脸无奈地跟金宣宗解释:"陛下啊,我都被这群没学问的废物气得没脾气了。按照《始祖实录》,我大金是从高丽而出,跟高辛光沾着同一个'高'字,八竿子都打不着啊。再说了,就算大金系出高辛氏,

第五章
宋代以降

高辛是帝喾,按五行排出来是木德,怎能是火德呢?想当年太祖是因为完颜一族尚白,又瞧中了金子的性质稳固,所以才起国号为'金',跟德运没有关系。本朝的德性是到了章宗时代才算议定为土的。那个什么王浍一没学问二没人品,咱还是甭搭理他为好。"

从这两次争论就可以瞧得出来,金人对五德之说有多么热衷了。

就这一个也像太医

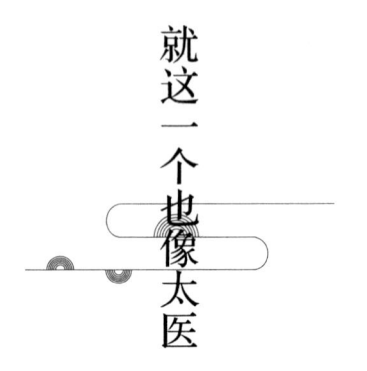

金章宗是泰和二年定下的土德，可是仅仅四年以后，在金国境内就冒出了他的掘墓人——公元1206年，蒙古族的铁木真在斡难河畔大会草原各部，自称"成吉思汗"。从此蒙古铁蹄踏破欧亚大陆，建立起了一个庞大的帝国，无论是刚改了土德的金朝，还是仍然延续火德的南宋，最后全都被蒙古给灭了。

公元1271年，那时候南宋还在苟延残喘着没有灭亡，铁木真的孙子忽必烈正做着蒙古大汗。不过他这个大汗是虚的，老家草原部族，还有西边儿先后建立起来的四个汗国全都不怎么听话，他真正能够控

第五章
宋代以降

制得住的疆域还是中原汉地。既然如此,忽必烈就琢磨着,咱不如改个汉式国号,摇身一变当中国王朝得了,老子也干脆做一回中国皇帝。

那么,起个什么汉式国号才好呢?忽必烈就向他的大参谋刘秉忠问计。这位刘秉忠可了不得,他上通天文,下知地理,学识渊博,乃是"顺德学派"的资深博士后。"顺德学派"又叫"邢州学派",是一票汉族士人自发组成的一个学术团体,除刘秉忠外还包括张文谦、张易、王恂、郭守敬等人跟传统的儒士不同,他们喜欢研究科学技术,在天文、数学、水利工程、土木建筑方面全都取得过很多重大成果。郭守敬测量过子午线,编制过《授时历》,开凿过运河,这是大家都知道的事情;刘秉忠呢,他帮忽必烈建造过大都城。

且说刘秉忠领了忽必烈的课题,回去狂翻古书,最后从《周易》里找到一句"大哉乾元",意思是天道真是太浩渺无根啦,觉得这句子很棒,意思超级吉祥,于是建议咱就取这个"元"字,定国号为"元"吧——元朝就这么着建立起来了。

其实除了"大哉乾元"之外,"元"这个国号还有更深远的意义,也跟五德学说相关。要知道,金朝是被元朝的前身蒙古帝国攻灭的,金属土德,五行相生,土生金,所以元朝该是金德。八卦配五行,乾、兑属金,震、巽属木,坤、艮属土,离属火,坎属水,所以这个尚金

马伯庸
笑翻中国简史

的新王朝才会使用"大哉乾元"当吉祥话。元世祖忽必烈改国号的时候，诏书里有一句"握乾符而起朔土"，说的就是这个意思。

——顺德学派最讲科学，可是那个时代科学是跟迷信搅和在一块儿的，比方说建筑学就跟风水如胶似漆，天文历法那更是没跑儿。要是光能望天观星，却说不出对应啥人啥事儿来，大家伙儿都得当你是野狐禅。所以顺德学派这帮人，包括刘秉忠、郭守敬全都神神道道的，忽必烈基本上把他们当国师用。

蒙古帝国定国号为元的时候，南宋正处于咸淳七年，还在苦苦支撑，所以两朝从五德上来论，还是谁也生不着谁，谁也克不着谁。然而八年以后，元将张弘范灭宋于崖山，问题立刻就凸显出来了——宋是火德，火克金，和现实正好调了个个儿。后来元朝大力禁止图谶之说，也不知道是不是怕被人瞧出这个破绽来。

这事儿要搁到别的朝代，早该开会研究改德了，然而蒙古人都是倔脾气，死活就是不改——俺就金德怎么了？金被火克又怎么了？火德的宋朝还不是被俺给捏掉了？公元1294年，忽必烈驾崩，传位给孙子铁穆耳，也就是元成宗，元成宗才刚继位，就有个叫洪幼学的南方人跳出来起哄，结果遭到暴打——这位洪幼学究竟说了些什么，史书上没记，光说他"妄言五运"，估计就是建议改德来着，然后可耻地

第五章
宋代以降

失败了。

可惜那些住在元大都的"北京元人"们猜得中这开头,却猜不中这结尾,就在他们还美着的时候,真正克他们的火德悄然而生——那就是明朝。

元朝是一直没改德,可是德性为金,也就忽必烈那会儿嚷嚷了嗓子,此后再也没人提起过。为什么呢?因为跟契丹辽和女真金不同,蒙古人入了中原,压根儿就没想着汉化,忽必烈倒是一度有过打算,可自从顺德学派的博士后们以及他们教出来的非常汉化的太子真金都挂了,忽必烈就整天被一群色目收税官们包围着,再也不提汉化这茬儿了。五德是汉人的学说,元朝除了朝代名外,其他方面根本不打算汉化,谁还有闲空去搭理五德啊。

所以等到明朝建立,尚了火德,再去研究元朝是啥德性,大多数人是两眼一抹黑,完全搞不明白。明朝人甚至还有以为元朝是水德的——要不怎么能灭了宋朝的火德呢?那必然是水克火啊。明朝中期有个叫何乔新的诗人就坚持这种说法,据他说曾经听老辈人提起过,当忽必烈攻灭南宋的时候,产生过一则水枯竭而火生发的谶谣,因为"元朝是水德,宋朝是火德,所以继承元朝水德而兴的,乃是赵宋的后裔啊"。

这话反了吧,你可以说元朝继承赵宋而兴,怎么能说赵宋后裔继

马伯庸
笑翻中国简史

承元朝呢？这就又得提到一个极度不靠谱的传说了。且说公元1274年，宋度宗驾崩，传位给次子，也就是后来的宋恭帝。这位宋恭帝继位才刚一年多点儿，年仅6岁，元军就杀到了临安城下，于是他祖母太皇太后谢氏就抱着他投降了——南宋还没有亡，大臣文天祥、张孝杰、陆秀夫等人拥立别的皇帝，又坚持抵抗了三年。宋恭帝倒是没被忽必烈处死，而被封为瀛国公，好好地给养了起来，养到19岁，忽必烈突然发现这孩子对佛教很感兴趣啊，干脆送他去了西藏萨迦寺，剃度为僧，法号合尊。

以上都是正史，下面就是据说了——据说元朝西北方面有一位回族郡主，姓罕禄鲁，名叫迈来迪，非常崇敬佛法，曾经前去西藏朝圣，也不知怎么的，就跟那位原本的宋恭帝、瀛国公，现在的和尊和尚对上眼儿了，于是佛法也不顾了，戒律也不管了，两人迅速好上了，回族郡主也有了身孕。时隔不久，有个叫和世㻋的元朝皇子跑去西北打猎，一眼就相中了迈来迪郡主，娶来当了老婆，郡主随即生下一个儿子，取名叫妥欢帖睦尔。过了几年，和世㻋当上了皇帝，就是元明宗；又过了些年，妥欢帖睦尔也当上了皇帝，就是元朝末帝元顺帝。

所以说，其实元顺帝压根儿不是蒙古人，而是汉回混血，他也不是正经的铁木真子孙，血管里其实流着的是赵宋皇家的血哪！

第五章
宋代以降

这也够不靠谱的，估计就是南宋遗民造出来的谣言，可这还只是源头而已，后来这故事越编越远，越编越邪乎。另一种说法，瀛国公还没去西藏呢，暂时寄居在甘州一座小庙里，突然来了一位赵王（按年代算应该是阿鲁秃，也不知道对不对），瞧这小和尚挺孤单的，就留下个回族女子侍奉他。后来这回族女子十月怀胎，才刚临盆，赶上和世㻋打附近经过，瞧见寺庙上有五色祥云，仿佛龙形，就打听了："这庙里有啥好东西没有？"从人回答他没有，也就瀛国公的小妾刚生了个孩子。和世㻋也不知道怎么的一时脑热，竟然"大喜"，当即把那孩子认作养子，连孩子带母亲全都给带走了……

据说（又是据说），后来明朝建立，有一回明成祖朱棣观赏历代帝王像，先看宋朝皇帝，笑着说："从宋太祖以下，虽然都是大鼻头，倒也相貌清癯，跟老子宫廷里那些太医似的。"再看元朝皇帝，一个赛一个魁梧，朱棣评价说："这都是吃绵羊肉吃的。"可是等到最后瞧见元顺帝的画像，他就奇了怪了，问身边人："为什么这一个也长得像太医呢？"

这最后一个故事是谁传出来的？正是自称挨了朱棣询问的家伙，此人名叫袁忠彻，乃是明朝初年第二有名的相面大师——排第一的是他老爹袁珙袁柳庄。这一家子的算命先生，他们说的话真能信吗？

马伯庸
笑翻中国简史

可你还别说,真的很多明朝人都信了。不光明朝人信,就连清代的历史学家万斯同、赵翼,还有近代大学者王国维,他们全都信,还到处翻资料找证据,拼了老命也要证明确实水枯竭而火生发,元朝的江山最后还是回落到了赵家手里。

此诗叙元顺帝为瀛国公之子,乃闽儒余应所作也。其诗有"壬癸枯干丙丁发"之句,盖壬癸为水,丙丁为火,元以水德王,而宋以火德王也。又云"西江月下生涯终",故老相传,顺帝北遁,殂于应昌,仓猝取西江寺梁,以供梓宫之用。梁间隐隐有字,亟视之,乃《西江月》一调,有"龙蛇跨马乱如麻,可汗却在西江寺下"之句。或云太保刘秉忠所作,故应云尔也。考之于史,瀛国公以德祐丙子降元,时年六岁,后十有二年,为至元戊子,瀛国公学佛法于吐蕃。又二十八年为延祐丙辰,仁宗遣明宗出镇云南,明宗不受命,逃之漠北,其与瀛国公缔交,盖在此时也。妥欢帖睦尔,以元统癸酉即位,是为顺帝,其生年十四,其当在延祐庚申,上距丙子凡四十四年。而瀛国公年始五十矣,应之诗或有征也。史又云,文宗以乳母失言,明宗在日,素谓上非其子,黜之江南,召奎章阁学士虞集,书诏播中外,而不言顺帝为何人之子,盖讳之也。予年二十时,赴江西乡试,于馆人家见古乐府一帙,内有《沙漠主》一篇,云杨廉夫所作。予方从事科举之业,不暇录,但记其篇末句云:"吁嗟乎,凤为鸠,龙

第五章
宋代以降

为鱼；三百年来龙凤裔，竟堕左衽称单于。"又识其后云："宋太祖之德至矣，肇造帝业，不传诸子而传诸弟。太宗负约，金人之祸，举族北迁，而太祖之末孙复绍大统，有江南者百余年，为元所灭。而瀛国公之子，阴纂元绪，世为漠北主，天之报太祖，一何厚哉！"其言颇与应合，近考《铁崖乐府》无此篇，岂出于假托耶？抑有所遗耶！新安程克勤录此诗示予，因具疏予所闻见者以广异闻云。

——《跋闽人余应诗》

明朝三重火

元朝末年，红巾军大起义，因为红巾军尚火德，火色为红，所以他们就往头上裹红巾。不过这跟火克金没啥关系，红巾军只是随了宋朝的德——他们一直打着"复兴宋室"的旗号，最早起事的韩山童就曾自称是宋徽宗八世孙。

可韩山童造反没多久，局面还没打开，就被元军"咔嚓"了。他的老朋友、好帮手刘福通继续扛大旗，在公元1355年占领亳州，建立政权，国号就叫"宋"。刘福通让韩山童的儿子韩林儿做了皇帝，号为小明王，可这位小明王始终没有恢复传说中的赵姓，可见所谓宋

第五章
宋代以降

徽宗多少世孙云云全是瞎扯。

当时满中原到处都闹红巾军,最终颠覆了元朝政权,可胜利果实却被一个和尚加乞丐出身的家伙给窃取了,那就是朱元璋。公元1368年正月,朱元璋在应天府(也就是今天的南京)称帝,建立明朝,然后到了八月份,明军就攻入大都城,把元顺帝给赶回草原上去了。明朝的德性接续红巾军,也是火德,据说,"明"这个国号就代表了"三重火"。明是汉人王朝,汉朝是火德,称为炎汉,这是一重;明朝天子姓朱,朱就是红色,红色属火,第二重;"明"字拆开是日月,"日者阳之极也",日配朱色,又一重火。

然而这只是民间说法,事实上并没有资料证明明朝政府曾经正经宣告过德性。洪武三年(公元1370年),朱元璋下诏,让大臣们研究一下尚色的问题,于是礼部就表态了:"我们考究历代的尚色,夏朝尚黑,商朝尚白,周朝尚赤,秦朝尚黑,汉朝尚赤,唐朝服装尚黄,旗帜尚赤,宋朝也尚赤——看起来尚赤的比较多,咱们应该也尚赤。"朱元璋大笔一挥,准了。就连相关尚色这种问题都没把德性扯进来,由此可见一斑。

洪武七年(公元1374年),朱元璋给北元(元顺帝北逃后的政权)写信,信里有"今我朝炎运方兴"的句子,说明他自己认为明朝应该是算火德的,但是经过宋人那么一折腾,再经过元朝那么一不理,他

马伯庸
笑翻中国简史

也就不把德性当太重要的事儿，觉得大家伙儿明白就好，不用专门下诏书明说。果然，明朝的士大夫对于这点是心里有数的，动不动就提"太祖以火德王"，而至于这火德有没有官方的告示，有没有继承的说明，却没人关心。

就朱元璋本人而言，他是非常迷信的，尤其相信阴阳五行，所以建立在阴阳五行基础上的五德，他不可能不加理会，只是懒得正式公告而已。他怎么信五行呢？其实这从明朝皇帝的名字上就能瞧得出来。

朱元璋是第一代皇帝，他的儿子们，包括朱标、朱樉、朱棣、朱权等，全是木字边儿，而第三代包括朱允炆、朱高炽、朱高燧等，名字的第二个字全是火字边儿——都有五行的影子。不仅如此，后面历代子孙的名字，朱元璋也事先规定了得跟五行挨着，一代是一行，永远不混乱。

所以看吧，洪熙以后是宣德皇帝朱瞻基，土字底；然后正统皇帝朱祁镇、景泰皇帝朱祁钰，金字边；然后成化皇帝朱见深，水字旁；接着弘治皇帝朱祐樘，绕一圈又回到了木字边；正德皇帝朱厚照，四点底是代表火，同辈的嘉靖皇帝朱厚熜也是火；隆庆皇帝朱载垕是土；万历皇帝朱翊钧是金；泰昌皇帝朱常洛是水；天启皇帝朱由校和崇祯皇帝朱由检是木。不仅仅皇家正根儿，包括历代的藩王全都如此，从第二

第五章
宋代以降

代开始，木、火、土、金、水轮着来，只可惜才转了两轮，第三轮刚起个头，明朝就没了。

所以说，虽然没有正经宣示天下，但不能说明朝没有德性。可是也正因为老朱家自己哑巴吃黄连——心里有数，却不肯明说，所以这德性的根基不稳，总有人琢磨着翻案。原因何在呢？原来明朝人论正统的时候，并没有把蒙古贵族占据中原那一段儿给剔除出去，仍然把元朝算在正统王朝之内，朱元璋虽然在北伐的时候打出"驱逐鞑虏"的旗号，可是转脸却又说"本朝不是靠着灭元，而是靠着灭盗贼（指包括红巾军在内的南方汉人割据势力）起家的"。当时靠道德取天下的虚伪说法已经深入人心，暴力可以搞，但是不能说，所以他要假装自己是正正常常、顺顺当当、和和平平地从元朝手里接过的天下大权。

可是这么一来，明朝的火德就说不通啦。既然元朝是正统，当然不能一脚踢开，却去延续更前面宋朝的火德——况且你家又不姓赵，国号也不是宋，怎么直接延续？而既然是和平继承了元朝的正统，那么也不能扛出火德来克元朝的金德。所以等到了明朝中叶，就难免又冒出很多喜欢翻古书的家伙来妄图翻案。

可这个时候五德学说已经不再深入人心了，读书人要么当它是奇幻设定，不值一提，要么当它是面子工程，懒得多理，剩下那几个有

马伯庸
笑翻中国简史

兴趣的闲人，学问未必够扎实，提出来的新说法也就难免莫名其妙、前言不搭后语。当时最流行的说法是，明朝算土德，火生土，这乃是撇掉元朝，直接继承宋朝的火德。弘治朝有个叫罗玘的人就说"国家以土德王"，万历年间张养蒙撰写《五德之运考》，也说："我朝受命于天，有人说尚火德，有人说尚土德，并没能讨论出个结果来。"

不管尚火还是尚土，总而言之，在"五行相生"而非"五行相胜"的前提下，他们都是把元朝给一脚踢开了，朱元璋说自己和平继承了元朝正统的事儿，后来再也没人提起过。这跟当年刘歆大国师的理论很相似，因为元朝跟秦朝一样都不肯以德治国，所以算"闰统"，是多出来的朝代，虽然不能否定它存在过，但可以假装瞧不见。

咱们今天再来研究五德这门奇幻设定，很多人就说啦，在王莽篡汉之前，大家是采用的五德相胜也就是相克的说法，王莽到元代，是采用的五德相生说法，元代以后，又重新恢复到五德相克的说法。其实这都是事后诸葛亮，力求把体系搞圆，于是糅合了驺老教授和刘歆大国师的新旧两派说法于一炉。当时的人可不这么想，自打刘歆大国师新体系出炉以后，相生说就占据了绝对主流，就连理学大宗师朱熹都明确说了"相生对"，那么理学大泛滥的明、清两朝，谁还敢跟他拧着来啊？

第五章
宋代以降

都到这个时候了，还拿相克说事儿的，大多是些没文化的大老粗，他们光知道相克了，不知道相生算啥玩意儿。这是因为当时占统治地位的儒家文化人比较要脸，不崇尚明着玩暴力而崇尚暗中下刀子，所以表面上温文尔雅，只说相生；老百姓的思路则比较单纯，你完蛋了而我雄起了，那自然是我克了你呀。天公地道，简单干脆。

再加上明朝这个火德的来历本就有点儿莫名其妙，既不是为了克元朝的金，也不是为了继宋朝的火，而纯粹是打"宋朝—红巾军—明朝"这么一脉相承下来的，换朝不换德，所以也给普通百姓造成了误解，以为五德相克才是正根儿。于是乎，等到明末，按照惯例，火生土，下一朝应该是土德才对，可是先后兴起的两个政权却全都不理不睬，直接改玩了相克。

落幕前的沉渣泛起

公元1644年正月，流寇头子李自成在西安称王，国号大顺，年号永昌，接着他就领兵直取北京城，明朝末代皇帝崇祯跑到煤山上找了棵歪脖子树，一绳子吊死了。随即李自成就在北京自称皇帝，也开始玩弄起了德性。

那么，这个大顺朝该是什么德呢？要知道那时候李自成手下读书人不多，也就李岩、牛金星、宋献策这哥儿仨，其中李岩和牛金星是正经明朝读书人，对五德这类说法爱理不理，宋献策可是算命的出身，最喜欢搞阴阳五行了，可思维还纯粹是底层百姓那套似是而非。所以

第五章
宋代以降

他们就扔掉了沿袭千年、被读书人尊为王道的五德相生说，重新捡起了满是灰尘的五德相胜说，宣布大顺朝是水德，水克火，所以才能灭掉明朝。

水德就水德呗，我们知道，水德尚黑，所以大顺军都应该穿黑色保安服。可是也不知道李自成从哪本地摊文学上瞧见的，居然以为水德尚蓝，于是乎满朝文武就都变成了蓝精灵，真是奇哉怪也。

不过也有一种可能性，当时印染技术已经很发达了，就连老百姓都能穿得上彩色衣服了，而不仅仅黑白两色。过去有个词儿叫"白衣"，就是指没有功名的平头百姓只能穿素色衣服，等有了点儿小功名做了秀才就能穿蓝衫——这种规定往往在王朝初兴的时候管得比较严，等到王朝繁盛，继而衰败，也就没人把规定当一回事儿了，所谓"逾制"的现象比比皆是。总而言之，没功名的平头百姓也有很多穿蓝衫的，而李自成那伙儿乡下土包子眼里的大老爷们儿（也就一群乡绅啦）自然更是蓝汪汪，所以他们瞧着蓝色挺好，也就纷纷地全都穿蓝，并且一口咬定，这就是水德的颜色。

其实论起五行所对应的颜色来，蓝色根本就没有位置。所谓青龙、白虎、朱雀、玄武，这里的"青"不是"湛湛青天不可欺"的"青"，而是"绿水青山带笑颜"的"青"，换言之，是绿色，东方神兽是条绿龙而不是蓝龙,所以才对应了五行中的木行。木行在东,水行在北,对应的神兽是"玄武",也就是一只龟加一条蛇,玄就是黑,刘邦当年祭的黑帝就是北方天帝。大顺朝的尚蓝,根本是没文化的江湖骗子在瞎搞。

而且,这个奇哉怪也的蓝色大顺朝也仅仅维持了一年多,就被吴三桂勾引关外的清政权给灭掉了。

话说清朝原本国号叫金,因为太祖努尔哈赤是女真人,于是就接着前代女真族建立的金国,起了同样的名字。其实清朝的女真跟金朝的女真并不是一码事儿,金朝建立以后,正经女真人大多已经南迁、汉化了,后来干脆融入汉人堆里,清朝的女真则属于一直在老家没挪窝的穷亲戚,甚至可能只是穷邻居。所以努尔哈赤建了金国以后,就没有延续金朝的金德或者土德——不过也可能他压根儿就不知道还有五德这类有趣的花活儿可玩。

努尔哈赤光想着在关外建国,跟明朝对着干了,他还未必有得天下之志。等到他儿子皇太极继位,那家伙眼光远,野心大,瞧着明朝一天比一天烂下去,觉得自己也有机会入主中原,当中国皇帝,于是他就把部族名字和国家名字全都给改了。部族从女真改为满洲,国家

第五章
宋代以降

从金改为清。"满洲"有两个水字边儿,"清"字又一个水字边儿,大概打算用三条水来浇灭明朝的三重火。

然而这也只是民间的习惯说法,清朝跟明朝一样,也没有公开宣称自己的德性。民国初年续修的《仪封县志》上记载,说十堡村的村民曾经在村里火神庙前面挖出过一具铁牛,上面的字已经被侵蚀得很难辨认了,光能模糊地瞧出前面写着"水德",末行有"大清""乾""四十四"等字样。这也属于后人附会,真搁在清朝,正经读书人不会写这样的字眼。

因为事实上,清朝别说德性了,就连正经的尚色都没有——皇帝是穿明黄,可是祭祀天地祖宗并不要求黄牛、黄羊、黄猪、黄狗啥的,至于旗号更跟北周似的,四色俱全。我们知道,努尔哈赤把女真本族人都分了八旗,也就是正黄、正白、正红、正蓝和镶黄、镶白、镶红、镶蓝。后来皇太极照猫画虎,把归附的蒙古人和汉人也各分八旗,就是所谓的"蒙古八旗"和"汉军八旗"。所以皇帝穿黄袍子,很大原因是因为皇太极起初是领着镶黄旗的,后来他更夺取了正黄旗和正蓝旗,就称为"上三旗"——再后来多尔衮把正蓝旗剔了出去,改成了自己的正白旗。这三旗全都由皇帝亲领。

所以看吧,正经清军出阵,旗分四色(入关后再加上新附的汉军

马伯庸
笑翻中国简史

绿营,打绿旗,就是五色),就算皇帝亲征,打的黄色旗也未必是他独一份儿,可以说旗号上压根儿就没有单一的尚色。

不过五德不搞了,并不说明清朝人不信五行。咱们可以这么说,五德是统治阶级搞的玩意儿,属于阳春白雪,老百姓搞不懂,等到统治阶级懒得玩了,老百姓也不会再把它捡起来;而阴阳五行是下里巴人,从历代君王、大儒到街边要饭的,多少都知道一点儿,算命瞎子更是满大街嚷嚷,所以五德败落了,五行却还繁盛,甚至一直繁盛到今天。

所以清朝人上从皇帝,下到黎民,还是普遍相信阴阳五行的。举例来说,清朝护卫北京城的八旗兵就是按照五行相克来确定居住方位的。东方属木,金克木,而金色尚白,所以正白旗和镶黄旗就都拆迁去了东直门和朝阳门。

这就是五德学说最后的余光,大多只存在于民间传说之中,老百姓沾着点儿风就是雨,神神道道地聊起德性来总比"今天天气如何"要过瘾得多,官方则懒得理会。从宋朝以后,事实上五德学说已经逐渐没落了,正经人不搞这个,除了作为老百姓的谈资外,也就一些无聊的落魄知识分子、喜欢怪力乱神的玄幻小说作者才会有兴趣了。

举例来说,大部分清朝人都不知道明朝还有德性一说,而关于自家是水德,也只能在后院跟着瞎侃而不敢堂而皇之记在书上。康熙年

第五章
宋代以降

间,皇三子胤祉和福建文人陈梦雷主持编纂了一部《古今图书集成》,其中考证历代的德性,光写到金朝就算完了,根本没提元、明、清三代。清代的两种小学课本《读书纪数略》和《幼学歌》都把历代王朝的德性当基本文化常识来教给小孩子,下限也只到宋朝。再后面咱不提了,要不万一碰上个爱较死理儿的孩子,问老师说元朝金德、明朝火德、清朝水德,是记载在哪本大学教材里的啊,就没法儿回答了。压根儿就没有,上哪儿给你找去?总不能拿出本地摊文学来糊弄孩子吧。

因为经过了宋朝的反思,读书人大多觉得这套理论不靠谱,年代越久,很多事情就越是说不圆,既然说不圆,咱干脆不说了,免得丢人现眼。于是乎,曾经光辉万丈的五德学说,也就逐渐被扫进了历史的垃圾堆。

可沉渣也总有泛起的可能。辛亥革命以后,民国建立,五德这一套本该走到了尾声,谁承想又冒出个袁大头袁世凯来妄图复辟,想建一个中华帝国,定年号为"洪宪"。

据说这洪宪年号的来源很有点儿意思,本来最初拟定的年号是昭武,后来有人翻书翻到了,说这个年号是当初吴三桂造反时用过的,不吉利。于是突然有"高人"出现,说不如用"洪宪"吧,明朝开国年号是洪武,清朝心腹大患有洪秀全,武昌起义的领袖叫黎元洪,都

马伯庸
笑翻中国简史

带一个"洪"字,当真大吉大利。于是袁世凯下诏允准。

按道理说,老袁家往前推有袁绍、袁术兄弟俩,自称是大舜的后裔,舜乃土德,而土又恰好克了清朝的水,袁大头的洪宪新朝不管用哪个理由都应该应了土德才对。可惜他手下全是些糊涂蛋(以"筹安会"那位杨度的学问,按说不应该瞧不出来),也不知道是谁给出了个浑主意,这"袁朝"居然就奉了火德,登基那天还拿了好些红油漆把紫禁城涂了个遍。木生火,火克金,根本不挨着,他们不会因为清朝的前身是后金,所以想当然误以为清朝算金德了吧?

最终袁氏倒台,继续民国。民国最早是打的五色旗,后来蒋总司令北伐,名义上推翻北洋政府,统一中国,给换成了青天白日旗。据说,林语堂先生当年曾经拿青天白日旗开过涮,说青天青天,这旗主色是青,那民国该是木德。袁世凯不是正统,连"闰统"都算不上,抛开不提,清朝是水德,水生木就恰好是民国了。

是糟粕就该摒弃

老祖宗的东西有精华也有糟粕,而且随着历史的发展,这糟粕也就越来越多——有些是曾为精华,但所适用的环境不存在了,所以变成了糟粕;还有些是人为地扭曲精华,给生拗成了糟粕。

比方说,阴阳尚有可用,五行就是糟粕,而建构在五行基础上的五德,那就更是糟粕得无以复加了。为什么说阴阳尚有可用呢?因为阴阳学说内含着朴素的辩证法,所有事物都可以粗分为相互融合和相互排斥的两个方面,你叫它正反也罢,叫它对错也罢,古人叫它阴阳,也不见得不合适。可是五行呢?你倒是把所有事物都给拆成五份来看

马伯庸
笑翻中国简史

看？或者把所有事物都分成五类来瞧瞧？这个大难题古人就从来没捋清楚过，因为这条路压根儿就走不通。

可是正如梁启超所说："阴阳五行说为二千年来迷信之大本营，直至今日，在社会上犹有莫大势力。"他说的是清末和民国初期，可谁料想一直到今天，这套歪理仍然"在社会上犹有莫大势力"，还没有被扔干净。咱就不说现在很多人给孩子起名儿都还要排个八字、论个五行了，也不说风水大师们这些年一个个都富得流油了，单举一个例子，就连民国初年的"五色旗"，到今天还有人说那是对应的五行、五色。

五色旗是北洋政府的旗子，旗面从上到下，分为赤、黄、蓝、白、黑五色横长方条儿。咱们前面说了，五行相对应的五色应该是赤、黄、青、白、黑，这青色是指绿色而非蓝色，五行里哪有蓝色的地儿呢？难道是受了李自成大顺朝的影响？这说不通啊。

事实上，五色旗是从清朝海军一二品大员的官旗演化而来的，除了黑色，前四色都是满清八旗的旗色。努尔哈赤编八旗的那会儿，后金国还在东北老林子里折腾呢，完全没文化，不知道中原王朝向来作为正色的五行色，所以才撇了绿，来了个蓝。也就是说，这跟五行一点儿关系都没有。北洋政府定了五色旗，本意是借用这五种颜色来代表汉、满、蒙、回、藏五个大民族，即所谓"五族共和"，你合着不能

第五章
宋代以降

把这五族再跟五行联系起来吧。

孙中山很讨厌五色旗，他曾经说过："此民国之不幸，皆由不吉之五色旗有以致之也。"好吧，他说"不吉"，看起来他内心的迷信根子也还没有尽除。也许他是因为恨北洋从而连带恨上了五色旗。

话题扯远了，咱们再拉回来说。阴阳五行是古人的一种原始宇宙观的组成部分，比起古希腊、古印度的地、水、火、风四元素说，不见得就落后，同样也不见得就高明。这套理论多少能够解释一些事物现象，所以古人信了，用了。可是等社会和科技发展到今天，要还有人笃信不疑，甚至还要加以运用，那就太搞笑了。

五德是建筑在五行基础上的。最早驺老教授生造出来，是想要寻找社会发展、王朝更替的规律，后来董仲舒、刘歆等大儒加以修订，是为了给君主统治编造上应天道的理由。然而这理由既然是硬生生编造出来的，当然不可能真跟事实同符合契，所以一朝朝、一代代就开始随心所欲地重新、反复修改，越改就越离谱，越改就越不圆，于是终于被一脚踢进了历史的垃圾堆。

咱们反过头来再看历朝历代对五德的推演，尤其是那几场大辩论会，就可以瞧得出来，只要你够胆儿并且嘴皮子利索，怎么说都有理。

就拿清朝来举例。清朝并没有正经公布过自己的德性，所以后人

马伯庸
笑翻中国简史

猜测的很多，上面说的清朝尚水德，只是最常见的一种说法。然而诡异的是，直到今天，仍然还有人在研究这个问题，并且得出了种种稀奇古怪的结论。比方说，有人就提出来了，宋朝既然是火德，那么元朝就该是水德，明朝就该是土德，清朝就该是木德，这样才能后一个稳稳地克上前一个。清朝满洲名字里的三条水，那是因为水生木，是为了繁茂木德而定的。

还有人说，后金和清朝的德性其实是不同的，清朝虽然属水，后金却该属金。因为"1616年丙辰湿土生金而建国，1619年己未土旺生金而在萨尔浒之战大败明军，1626年丙寅火旺而被明军击毙大汗努尔哈赤，1636年丙子水旺之年，改国号为清，其五行属性转为水，正值兴旺之时，从此势不可挡，1644年甲申水得长生，清军入关，清朝迁都北京，开始对全国的统治……"这理由我完全是一头雾水，不知道谁能看得懂。

咱们再举民国的例子，民国是啥德性？反正怎么说怎么有理。先假定清朝是水德，那么民国可以是克水的土德，也可以是水生的木德。"青天白日"有个"青"字（其实是蓝色）也正应着木德，可是也有个"白"字，为啥不算金德呢？而且大家千万别忘了，后来孙中山还给"青天白日"添了"满地红"哪，凭啥就不可以是火德？清帝是被迫退位的，

第五章
宋代以降

所以按照从前的例子，民国也可以延续清朝的水德（就真有人说北洋政府还该是水德），而按照上面提过的那位仁兄所言，一个朝代分两个阶段也能应两个德，北洋政府和国民党政府虽然都号"中华民国"，那也可以分成两个德性嘛。

你瞧瞧，金、木、水、火、土五德都齐全了。幸亏这一套虽然在民间还有市场，官方却早就丢弃了，要不还得召开大讨论会。

既然是糟粕，还是应该彻底地摒弃为好。

©中南博集天卷文化传媒有限公司。本书版权受法律保护。未经权利人许可，任何人不得以任何方式使用本书包括正文、插图、封面、版式等任何部分内容，违者将受到法律制裁。

图书在版编目（CIP）数据

马伯庸笑翻中国简史 / 马伯庸著. —长沙：湖南文艺出版社，2020.4（2025.6重印）
ISBN 978-7-5404-9070-6

Ⅰ.①马… Ⅱ.①马… Ⅲ.①中国历史–通俗读物 Ⅳ.①K209

中国版本图书馆CIP数据核字（2019）第017950号

上架建议：畅销·文化随笔

MA BOYONG XIAOFAN ZHONGGUO JIANSHI
马伯庸笑翻中国简史

作　　者：	马伯庸
出 版 人：	陈新文
责任编辑：	薛　健　刘诗哲
监　　制：	邢越超
策划编辑：	李齐章　王　维　蔡文婷
特约编辑：	王　屿
营销支持：	侯佩冬　傅婷婷
封面设计：	云中工作室
版式设计：	潘雪琴
出　　版：	湖南文艺出版社
	（长沙市雨花区东二环一段508号　邮编：410014）
网　　址：	www.hnwy.net
印　　刷：	三河市中晟雅豪印务有限公司
经　　销：	新华书店
开　　本：	700mm×980mm　1/16
字　　数：	140千字
印　　张：	16
版　　次：	2020年4月第1版
印　　次：	2025年6月第12次印刷
书　　号：	ISBN 978-7-5404-9070-6
定　　价：	49.80元

若有质量问题，请致电质量监督电话：010-59096394
团购电话：010-59320018